Business, Economics, and Law

Herausgegeben von
S. Zeranski, Wolfenbüttel, Deutschland
S. Reuse, Essen, Deutschland

In einer Wissensgesellschaft ist es erforderlich, Erkenntnisse aus sehr guten wissenschaftlichen Arbeiten frühzeitig zu fixieren und mit der Praxis zu verknüpfen. Die Reihe „Business, Economics, and Law" befasst sich mit aktuellen Forschungsergebnissen aus den Wirtschafts- und Rechtswissenschaften und leistet damit einen Beitrag zum Diskurs zwischen Theorie und Praxis. Sie gibt Anregungen zu Forschungsthemen und Handlungsimpulse für die Praxis.

Springer Gabler Results richtet sich an Autoren, die ihre fachliche Expertise in konzentrierter Form präsentieren möchten. Externe Begutachtungsverfahren sichern die Qualität. Die kompakte Darstellung auf maximal 120 Seiten bringt ausgezeichnete Forschungsergebnisse „auf den Punkt". Springer Gabler Results ist als Teilprogramm des Bereichs Springer Gabler Research besonders auch für die digitale Nutzung von Wissen konzipiert. Zielgruppe sind (Nachwuchs-)Wissenschaftler, Fach- und Führungskräfte.

Herausgegeben von
Prof. Dr. Stefan Zeranski
Brunswick European Law School
(BELS), Wolfenbüttel

Dr. Svend Reuse
FOM dips - Deutsches Institut für
Portfolio-Strategien, Essen

Christoph Impekoven

Software-Entwicklung für dynamische Portfolioallokation und Risikomanagement

Mit einem Geleitwort von
Prof. Dr. Jürgen Propach und Dr. Svend Reuse

 Springer Gabler

Christoph Impekoven
Hochschule für Ökonomie
und Management
Essen, Deutschland

ISBN 978-3-658-01181-9   ISBN 978-3-658-01182-6 (eBook)
DOI 10.1007/978-3-658-01182-6

Die Deutsche Nationalbibliothek verzeichnet diese Publikation in der Deutschen Natio-
nalbibliografie; detaillierte bibliografische Daten sind im Internet über http://dnb.d-nb.de
abrufbar.

Springer Gabler
© Springer Fachmedien Wiesbaden 2013

Gedruckt auf säurefreiem und chlorfrei gebleichtem Papier

Springer Gabler ist eine Marke von Springer DE. Springer DE ist Teil der Fachverlagsgruppe
Springer Science+Business Media.
www.springer-gabler.de

Geleitwort

Das Thema der Bachelor Thesis von Herrn Impekoven, welches umgangssprachlich auch „Algotrading" oder „High Frequency Trading" genannt wird, ist heute aktueller denn je. Ende September 2012 hat die Bundesregierung das Hochfrequenzhandelsgesetz (HFT) erlassen. Aufbauend hierauf ist geplant, die Hochfrequenzhändler unter die Aufsicht der Bafin zu stellen.

Unabhängig von der aufsichtsrechtlichen Brille steigen auch die Anforderungen an die einem Hochfrequenzhandel zugrundeliegenden Softwaresysteme. Zielsetzung der Bachelorarbeit von Herrn Impekoven ist die konkrete Entwicklung einer solchen Software, deren Funktionsumfang einerseits ein dynamisches, teilautomatisiertes Kapitalmarkthandling auf Basis einer autark selektierten und kalkulierten Orderdurchführung abbildet, andererseits eine anschließende Performancemessung der Orderdurchführung ermöglicht.

Der Mehrwert für Forschung an der Schnittstelle zwischen Ökonomie und Informatik ist dabei der Aspekt der erweiterten Risikominimierung, welcher mit Ansätzen wie dem Risk Adjusted Return on Capital über die konventionellen Ansätze der bereits bestehenden Handelssysteme hinausgeht und somit eine präzisere Steuerung der Kapitalallokation ermöglicht. Dementsprechend führt diese Anwendung des aktuellen Forschungsstandes in Bezug auf die Risikokalkulation an den globalisierten Finanz- und Kapitalmärkten zu höherer Kapitalmarkteffizienz, da der Prozess der Preisbildung und -bewertung über den nominellen Wert des Wertpapieres hinausgeht und durch gewichtete Risikomaße sichergestellt wird. Im Rahmen dieser Ausarbeitung wurden elementare Prozesse aus dem Bereich Financial Engineering sinnvoll miteinander kombiniert. Diese Verknüpfung stellt einen Kernbereich der Wirtschaftsinformatik dar und füllt die bestehende Marktlücke für softwaregestützte, risikoadjustierte Kapitalallokation im Segment der Klein- und Privatanleger.

Die Ergebnisse der Arbeit, vor allem der voll funktionsfähige Prototyp eines Handelssystems, bieten einerseits Raum für weitere Forschung, andererseits können diese direkt im praktischen Betrieb eingesetzt werden. Die gelungene Mischung aus Themen der Informatik und Risikosteuerung führten dazu, dass wir die Arbeit gerne betreut haben. Wir wünschen der Arbeit eine weite Verbreitung in Theorie und Praxis.

Prof. Dr. Jürgen Propach
Westfälische Hochschule – Standort Gelsenkirchen

Dr. Svend Reuse
FOM Hochschule für Oekonomie und Management
Abteilungsleiter Controlling, Sparkasse Mülheim an der Ruhr

Inhaltsverzeichnis

Abkürzungsverzeichnis

ABRatio	AskBid-Ratio
API	Application Programming Interface
avg	average
CAPM	Capital Asset Pricing Model
CIL	Common Intermediate Language
CLR	Common Language Runtime
CSV	Comma separated Values
CTCI	Order-Gateway von Interactive Brokers
DAX	Deutscher Aktienindex
DBMS	Datenbankmanagementsystem
DBS	Datenbanksystem
DJIA	Dow Jones Industrial Average
DLL	Dynamic Link Library
DoM	Depth of Market
DV	Datenverarbeitung
EBIT	Earnings before interest and tax
EK	Eigenkapital
EKQ	Eigenkapitalquote
et al.	et alii
etc.	et cetera
FK	Fremdkapital
FMP	Finanzmarktparameter
GARCH	Generalized autoregressive conditional heteroscedasticity
GC	Garbage Collection
ggf.	gegebenenfalls
GSM	Global System for Mobile Communications
GUI	Graphical User Interface
GuV	Gewinn- und Verlustrechnung
HDD	Hard Disk Drive
HFT	Highfrequency-Trading
HTTP	Hypertext Transfer Protocol
HTTPS	Hypertext Transfer Protocol Secure
IB	Interactive Brokers
IBM	US-Softwarekonzern
ICT	Information and Communications Technology
IDE	Integrated Development Environment
idR	in der Regel
iSd	im Sinne des

ISIN   International Securities Identification Number
IuK   Information und Kommunikation
JRE   Java Runtime Environment
KapGes   Kapitalgesellschaft
kB   kiloByte
KPI   Key Performance Indicator
MB   MegaByte
MCS   Monte-Carlo-Simulation
MD5   Message-Digest Algorithm 5
MFC   Microsoft Foundation Classes
MFI   Monetäre Finanzinstitute
Mio.   Millionen
MSIL   Microsoft Intermediate Language (siehe CIL)
OCX   OLE custom control
OLE   Object Linking and Embedding
p.a.   per annum
PF   Portfolio
RAPM   Riskadjusted Performance Measurement
RAROC   Risk Adjusted Return on Capital
RoI   Return on Investment
RORAC   Return on Risk Adjusted Capital
RSI   Relative Strength Index
RTD   Realtime-Data
SDK   Software Development Kit
SHA   Secure Hash Algorithm
SIV   Structured Investment Vehicles
SOA   Service Oriented Architecture
SP   Strategieprofil
T&S   Times and Sales
TE   Tracking-Error
USD   US-Dollar
VaR   Value at Risk
VB   Visual Basic
VDAX   Volatilitätsindex des DAX
vgl.   vergleiche
WKN   Wertpapierkennnummer
WM   Wertpapiermanagement
WPHG   Wertpapierhandelsgesetz
XETRA   Exchange Electronic Trading
XML   Extensible Markup Language

Abbildungs- und Tabellenverzeichnis

1 Einleitung

Die seit Jahren zu verzeichnende Beschleunigung der Finanztransaktionen auf den globalisierten Finanzmärkten sorgt für steigende Anforderungen an die Effizienz der Kapitalallokation einzelner Akteure. Vor dem Hintergrund steigender Komplexität von Finanzprodukten und deren Transaktionsmöglichkeiten wird eine gezielte und stringente Umsetzung von Risikosteuerung in der eingesetzten Finanzmarkt-Software zunehmend bedeutsam.

Die mit Markowitz' Schrift „Portfolio Selection" aus dem Jahre 1952 eingeläutete Innovation des Wertpapiermanagements, revolutionierte das Investment Banking und ist bis heute von substantieller Bedeutung für die Kapitalmarkttheorie. An dieser Stelle kommt die IT in ins Spiel: Die informationstechnische Konvergenz von Finanzwesen und globalen Informationskanälen bezeichnet nicht nur einen derzeitigen Trend, vielmehr ist sie Motivation und Intention für die zunehmende Ausprägung einer fulminanten Veränderung der bisherigen Kapitalmärkte. Die für Frühjahr 2011 beschlossene Abschaffung des Parketthandels der Frankfurter Börse bezeichnet dies – zukünftig werden sämtliche Transaktionen ausschließlich über das elektronische Pendant (XETRA) abgewickelt.[1] Während der Kleinanleger die DAX-Tafel im Hintergrund für den Inbegriff der größten Deutschen Börse hält, werden bereits über 90% der Order per Computerhandel abgewickelt.[2] Treibende Kraft hinter diesen Entwicklungen sind insbesondere die zunehmende Professionalisierung der Marktteilnehmer und die damit verbundene Standardisierung des Marktgeschehens, die Ausnutzung von neu entstandenen Wettbewerbskriterien (z.B. Geschwindigkeit), sowie die Verdrängung von Privatanlegern durch einseitige Kapitalakkumulation und zunehmende Standardisierungslevel bei institutionellen Akteuren an den globalen Finanzmärkten.[3]

Als maßgebliche Triebfeder für die Vernetzung der IuK-Systeme – insbesondere im Finanzwesen – ist sicherlich das Internet anzusehen. Vorteilhaft sind hier vor allem der beschleunigte und umfassendere Informationsaustausch. Dies ist auch von ökonomischer Perspektive relevant: nähern sich die Kapitalmärkte durch das Vehikel der Vernetzung immer mehr dem Ideal des „Vollkommenen Marktes" an. Allerdings hat diese Vernetzung auch Schattenseiten. So sorgt die

---

1   Vgl. Handelsblatt (2010).
2   Vgl. Deutsche Börse (o.J. b).
3   Gemeint sind insbesondere steigende Markteintrittsbarrieren.

umfassende Verknüpfung „der Märkte" auch für unüberschaubare Interdependenzen und damit für Risikostrukturen, deren Kausalzusammenhänge zunehmend multilateral (und damit aufwändiger) zu kalkulieren sind. Aufgrund dieser zunehmenden Intransparenz der Kapitalmärkte – nicht zuletzt auch erzeugt durch mangelnde Produktkenntnis der Marktteilnehmer – kommt es zur Häufung sich wechselseitig verstärkender Finanzkrisen, wie zuletzt 2008.

Ein wesentlicher Grund für die sich so zugespitzte Lage mangelnder Liquidität war das Fehlen (teilweise auch die Missachtung) bestehender Mindest-Risikoanforderungen. Im Rahmen von BASEL III werden deshalb die EK-Unterlegungsvorschriften der MFI verschärft und Maßnahmen getroffen, um die Auswirkungen der vielschichtigen Verflechtungen abzuschwächen – wenngleich diese nur mit bedingter Seriosität der Hauptkapitalmarktakteure umgesetzt werden.[4]

Aufgrund der Synergetik der Kapitalmärkte und diverser, regulatorischer Inkonsequenzen ist es den MFI u.a. im Rahmen von Structured Investment Vehicles (SIV) weiterhin in Teilsegmenten unkontrollierter Offshoremärkte möglich, risikointensive Assets außerbilanziell zu akkumulieren. Mit dem Resultat der sich zuspitzenden, asymmetrischen Bedrohungslage für die, auf die Liquiditätsfunktion angewiesene, Realwirtschaft. Laut dem Deutschen Giro und Sparkassenverband[5] lag die durchschnittliche Eigenkapitalquote deutscher Mittelstandsunternehmen 2009 bei 15,6 Prozent.[6] Aufgrund der sich daraus ergebenden Implikationen soll diese Ausarbeitung nicht nur Anreiz, sondern auch Werkzeug für eine verstärkte Risikokontrolle im Umgang mit (teil-)automatisierter Kapitalallokation sein.

Darüber hinaus ist eine zunehmende Automatisierung des operativen Handels, bei dem in vielen Fällen eine humane Kompetenz nur letzte Instanz der Entscheidungsfindung über Finanzmarkttransaktionen ist, zunehmend unübersichtlich und erfordert fundierte Kenntnisse in den beteiligten Teilbereichen der Mathematik, Ökonomie und Informationstechnik. Grundsätzlich ist der Handel an Wertpapierbörsen eine Abwägung zwischen den Ausprägungen Risiko, Rendite und Liquidität – stets vor dem Hintergrund der zeitlichen Betrachtung.[7] So simpel diese Erkenntnis auch sein mag, so schwer ist ihre ausbalancierte Anwendung in realen Modellen. Diese drei Bereiche werden in der vorliegenden Ausarbeitung durch die begleitende Anwendung risikoadjustierter Performancemaße und des Cashmanagements berücksichtigt und zu einer Software zusammengeführt. Insbesondere diesen Aspekt der gezielten Risikosteuerung sieht der Autor als primären Mehrwert gegenüber bereits existierender Kapitalmarktsoftware.

---

4   Vgl. Harnischfeger, U., Zacharakis, Z., Schrör, M. (2011).
5   Vgl. Marotzke, S., Roth, M.(2011).
6   Zwar ist diese von zuvor 12,8% gestiegen, dennoch bedeutet dies eine FKQ von 84,4% der KMU.
7   Vgl. Bruns, C., Steiner, M. (2007), S. 49.

1.1 Forschungsziel

Übergreifendes Ziel dieser Ausarbeitung ist die Entwicklung eines Software-Client Prototyps, dessen Funktionsumfang ein dynamisches, teilautomatisiertes Kapitalmarkthandling vorsieht – in Form autark selektierter und kalkulierter Orderdurchführung sowie deren anschließende Performancemessung. Forschungsmehrwert für die Schnittstelle aus Ökonomie und Informatik ist dabei der Aspekt der erweiterten Risikominimierung, welche mit Ansätzen wie dem Risk Adjusted Return on Capital über die konventionellen Ansätze der bereits bestehenden (teil-)automatisierten Handelssysteme hinaus geht und somit eine präzisere Steuerung der Kapitalallokation ermöglichen. Dementsprechend führt diese Anwendung des aktuellen Forschungsstandes in Bezug auf die Risikokalkulation an den globalisierten Finanz- und Kapitalmärkten zu höherer Kapitalmarkteffizienz, da der Prozess der Preisbildung und -bewertung über den nominellen Wert des Wertpapieres hinaus geht und durch gewichtete Risikomaße sicherstellt.

Im Rahmen dieser Ausarbeitung werden daher die elementaren Prozesse von Software / Financial Engineering miteinander kombiniert. Diese Verknüpfung stellt einen Kernbereich der Wirtschaftsinformatik dar und ist darüber hinaus in der Lage, die bestehende Marktlücke für softwaregestützte, risikoadjustierte Kapitalallokation im Segment der Klein- und Privatanleger zu füllen – denn hier findet zumeist eine „naive Diversifikation" Anwendung.

1.2 Aufbau der Arbeit

Die initiale Ausführung der theoretischen Grundlagen bildet die einleitende Zusammenführung der Teilbereiche des Financial und Software Engineering. Um der Anforderung eines Softwareprototypen gerecht zu werden, wird im Anschluss an die theoretischen Grundlagen der Funktionsumfang abgesteckt und die Implementierung dieser – parallel zur Bereitstellung der Datenbanksysteme – beschrieben. Darüber hinaus erfolgt eine Evaluation der erreichten Ergebnisse zum Zwecke der eigenen Performance-Messung. Primäre Fragestellung ist hierbei die Untersuchung der zugrunde liegenden Leistungsfähigkeit des Prototypen.

Der strukturelle Aufbau der Arbeit orientiert sich dabei am Modell der „dreistufigen Konzeption der Asset Allocation"[8] beschrieben in „Wertpapiermanagement" von den Ökonomen Steiner und Bruns. Es ist das gängige Konzept zur Asset Allocation und hat sich daher in der Finanzliteratur etabliert.[9]

---

8   Bruns, C., Steiner, M. (2007), S. 81.
9   Siehe dazu auch Reuse, S. (2011), S. 63.

Dieses Model geht von einer stufenweisen Heranführung an die Thematik aus. Stufe 1 kennzeichnet die Datenübermittlung und Datenaufbereitung, Stufe 2 die Portfoliogenerierung und Stufe 3 die individuelle Portfolioselektion.[10] Allerdings muss hier in Abgrenzung zu Steiner und Bruns erwähnt werden, dass dieses Projekt sich im Gegensatz zum abstrahierten Modell auf konkrete Handlungsdirektiven bezieht und sich darüber hinaus auf kurze Zeithorizonte bezieht. Die vorliegende Ausarbeitung spiegelt somit eine auf die eigenen Bedürfnisse adjustierte Version dieser etablierten Herangehensweise wider.

Die dreistufige Konzeption der Asset Allocation basiert auf dem Modell der quadratischen Programmierung. Unter diesem Begriff sind Optimierungsalgorithmen zu verstehen, deren Ergebnisse risikoeffiziente Portfolios sind. Abgerundet wird diese Ausarbeitung durch das Fazit.

1.3 Abgrenzungen

Nachfolgend werden thematische Abgrenzungen erörtert, welche nicht Bestandteil dieses Werkes sind.

1.3.1 Abgrenzung zum Highfrequency-Trading

Highfrequency-Trades sind Kapitalmarktengagements, deren Profit durch Ausnutzung geringer Kursdifferenzen im Rahmen weniger Sekunden oder Millisekunden entsteht. Hohe Geschwindigkeit durch minimale Latenzzeiten bei der Datenübertragung machen das Wesen des HFT aus.

„The main innovation that separates high-frequency from low-frequency trading is a high turnover of capital in rapid computer-driven responses to changing market conditions. High-frequency trading strategies are characterized by a higher number of trades and a lower average gain per trade."[11]

Dementsprechend liegt der Fokus beim HFT weniger auf den profitabelsten, stabilsten Algorithmen, sondern vielmehr im zeitlichen Vorsprung. Nicht zuletzt aus diesem Grund bieten heute alle Börsen eine hausinterne Anbindung an das eigene Backbone-Netz an. Diese Serveranbindung direkt im Rechenzentrum der Börsen spart bestenfalls 100 Millisekunden, doch eben diese Zehntelsekunde ist beim HFT entscheidend. Grundsätzlich ist HFT nicht auf den Intradayhandel beschränkt, doch dürften längerfristige Positionen hier die Ausnahme sein. Aldridge gibt die „typische Haltedauer" beim Microstrukturtrading mit unter 10

---

10   Vgl. Bruns, C., Steiner, M. (2007), S. 81ff.
11   Aldridge, I. (2010), S. 2.

Minuten an.[12] Der kurzfristige, automatisierte Handel darüber hinaus, mit Halte-dauern von zumindest einigen Stunden oder Tagen wird elektronisch oder algo-rithmisch genannt. Genau diese Form wird in diesem Projekt angestrebt. Darüber hinaus folgt dann das traditionelle Long-Term-Investment.

1.3.2 Abgrenzung zur langfristigen Prognose

Während bei den institutionellen Marktteilnehmern aufgrund des verwalteten Ka-pitalvolumens primär mittel- und langfristige Prognosen von Interesse sind, zielt diese Ausarbeitung ausschließlich auf die Untersuchung kurzfristiger Tendenzen an den Kapitalmärkten ab. Diese Abgrenzung ist insofern von Relevanz, als dass für längerfristige Tendenzen andere Abhängigkeiten zwischen Kursentwicklung und Marktdaten zu beobachten sind. Die Korrelationen für kurzfristige Zeithori-zonte dagegen orientieren sich tendenziell eher an subjektiven Kriterien, statt an Fundamentaldaten, konjunktureller Entwicklung oder Kapitalmarktkontext.

Gemäß Effizienzmarkthypothese – einer kapitalmarktorientierten Projektion der Theorie des vollkommenen Marktes – basieren Finanzmärkte auf einer größtmöglichen Effizienz der Preisbildung, da diese den Marktteilnehmern den Handel homogener Güter (hier: Wertpapiere) unter größtmöglicher Transparenz ermöglicht.[13] Diese durch freie Informationsverbreitung ermöglichte Transpa-renz der Marktteilnehmer führt zu minimierten Informationsasymmetrien.

Dementsprechend sind sämtliche Informationen mit Einfluss auf zukünftige Entwicklungen des jeweiligen Wertpapiers im derzeitigen Handel enthalten. In-formationseffizienz bedeutet allerdings im Umkehrschluss auch, dass „es unmög-lich ist, bei der Aktienanlage besser als der gesamte Markt abzuschneiden."[14] Demzufolge ist es bei langfristig-orientierter Betrachtung laut Mankiw nicht mög-lich, eine überdurchschnittliche Rendite an den Kapitalmärkten zu erzielen. „Eine Vielzahl von Untersuchungen der Finanzmärkte bestätigt, dass dies zumindest sehr schwierig ist."[15]

Pendant der Effizienzmarkthypothese ist der Forschungsansatz der Verhal-tensökonomie („Behavioral Finance"). Diese auf kognitiven Dissonanzen (ge-fühlter Zwiespalt oder Mehrdeutigkeit) beruhende Theorie eruiert die Einflüsse irrationaler, subjektiver Verhaltensweisen der Marktteilnehmer. Dies liegt weni-

---

12   Vgl. Aldridge, I. (2010), S. 4.
13   Vgl. Mankiw, N. (2004), S. 646f.
14   Mankiw, N. (2004), S. 648.
15   Mankiw, N. (2004), S. 648.

ger an Markineffizienzen als an Phänomenen der Massenpsychologie und sub-
jektiv-vereinfachenden Heuristiken des Individuums.[16]

Sämtliche „weiche Faktoren" des Kapitalmarkthandels wie den kontextuel-
len Implikationen der Marktteilnehmer oder der beschriebenen affektiven Ambi-
valenz werden im Folgenden nicht berücksichtigt.

1.3.3 Abgrenzung der Assetklassen

Neben den Basisinstrumenten wie Aktien, Schuldverschreibungen, Genussschei-
nen und Devisen[17] gibt es noch weitere Anlageformen, deren Betrachtung im
Rahmen einer teil-automatisierten Handelsplattform sinnvoll erscheint. Hier sind
auch derivative Finanzinstrumente zu nennen, deren Handel auf den internationalen Finanzhandelsplätzen unlängst standardisiert wurde. Aufgrund des bereits
beträchtlichen Umfanges beschränkt sich diese Ausarbeitung allerdings auf das
Anlagensegment der Aktie. Dementsprechend ist die *übergreifende Anlegerrest-
riktion*[18] die Fokussierung auf Aktien.

---

16   Vgl. Goldberg, J., Nitzsch, R. (2004), S. 119.
17   Vgl. Becker, P., Peppmeier, A. (2008) S. 229.
18   Vgl. Bruns, C., Steiner, M. (2007), S. 83.

2 Grundlagen

Nachfolgend werden die theoretischen Konzepte von Synergetik der Kapitalmärkte bis hin zu finanzmathematischen Modellen unter Berücksichtigung der Risikosteuerung erläutert. Diese sind für ein grundlegendes Verständnis der Ausarbeitung essentiell und werden in einführender Kürze und Prägnanz dargestellt.

2.1 Finanzmathematische Grundlagen

Ohne theoretische Grundlagen der Finanzmathematik lässt sich die Herausforderung dieses Projektes nicht in den Griff bekommen. Daher sollen nachfolgend in möglichster Präzision die relevantesten Informationen dargestellt werden.

Aus der mathematischen Perspektive betrachtet, handelt es sich bei Aktienkursen um im positiven Wertbereich unbeschränkte, unendliche Folgen, die divergent und nicht determiniert sind.[19] Wären die Differenzen der Kursänderungen zwischen den einzelnen Folgengliedern konstant, so handelte es sich um eine arithmetische Folge, doch die Kursbildung an Finanzmärkten erfolgt keineswegs statisch sondern mit unterschiedlich stark variierender Geschwindigkeit variabel. Diese Differenzen bei Kursfestsetzung/Kursnotationen werden auch als „Ticks" bezeichnet. Mathematisch kann ein Kursverlauf als Polynomialfunktion n. Grades ausgedrückt werden.

2.1.1 Wertpapiermanagement

„Das Portefeuille ist die Gesamtheit aller Anlageformen und Wertpapiere"[20] die sich in einem Depot befinden. Das Wertpapiermanagement definiert dabei Anteil der Anlageformen und deren Risikogewichtung. Grundlegende Fragestellung des WM ist „Was determiniert den Wert eines Anlagegutes?"[21] Neben dem nominellen Preis gibt es für sämtliche Anlageformen an den Kapitalmärkten einen impliziten Wert, da der zukünftige Wert nicht eindeutig vorherbestimmt werden kann und der Anleger einem Risiko ausgesetzt ist.

---

19   Vgl. Dörsam, P. (2006), S. 143.
20   Pilz, G. (2007), S. 163.
21   Bruns, C., Steiner, M. (2007), S. 1.

Grundlegende Einflussfaktoren der Kapitalallokation sind:[22]

- Marktspezifische Risikofaktoren (Volatilität, Fungibilität)
- Fundamentaldaten Risikofaktoren (Bonität, EKQ)
- Fristigkeit
- Effizienz des Marktes (Preisbildung)
- Transaktionskosten
- Kapitalkosten
- Steuerliche Behandlung
- Ggf. unternehmerische Kontrollfunktionen (nur langfristig)

Diese Einflussfaktoren müssen gemäß der Risikoneigung des Investors und mit der Anlageentscheidung bestmöglich (d.h. risikoeffizient) in Einklang gebracht werden.

2.1.2 Portfolio Selection Theory

Die von Harry Markowitz 1952 publizierte Theorie der Wertpapiermischung („Portfoliotheorie") analysierte erstmalig den Zusammenhang zwischen Streuung der Investments (Diversifikation) und der Rendite zwecks Risikominimierung. Aus der Kombination von Risikoaversion der Anleger und Optimierung der Nutzenfunktion eines Investments ergab sich dann die optimale Zusammensetzung eines Portfolios.[23] Grundsätzlich lässt sich einbringen, dass der größere Teil der Menschen risikoscheu sind und daher auch nur ein geringer Teil des deutschen Privatvermögens an börslichen Investments beteiligt ist. Mankiw drückte es praxisorientiert aus: „Eine rationale Reaktion auf diese Risiken besteht jedoch nicht darin, sie um jeden Preis zu vermeiden, sondern sie in die eigene Entscheidungsfindung einzubeziehen."[24]

Ziel der Portfolio Theorie ist es demnach „finanzwirtschaftliche Probleme ganzheitlich anzugehen".[25] Die wirtschaftswissenschaftlich wichtigste Erkenntnis von Markowitz ist demnach die „Risikoeffizienz". Ein Portfolio ist dann optimal, wenn es erstens kein anderes Portfolio gibt, welches bei identischer Rendite ein geringeres Risiko, zweitens bei identischem Risiko eine höhere Rendite oder beides aufweist.[26]

---

22   Vgl. Perridon, L., Steiner, M., Rathgeber, A. (2009), S. 19.
23   Vgl. Perridon, L., Steiner, M., Rathgeber, A. (2009), S. 252.
24   Mankiw, N. (2004), S. 639.
25   Wahren, H.-K. (2009), S. 56.
26   Vgl. Bruns, C., Steiner, M. (2007), S. 8.

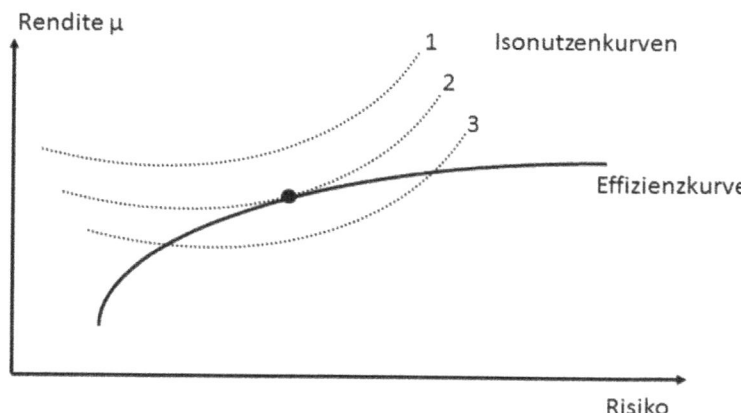

Abbildung 1:   Effizienzkurve des optimalen Portfolios gemäß Markowitz[27]

Durch die individuellen Differenzen bei der risikoaversen Disposition entstehen Spielräume, die es mit einer Risikoklassifizierung auf persönlicher Ebene zu erfassen gilt. Breuer spricht hier von so genannten „Interessensdivergenzen".[28]

Finanzinstitute nutzen hierfür vereinfachende Kennzeichnungs- oder Ampelsysteme, um die jeweilige Risikoneigung ihrer Kunden zu beurteilen. Diese Simplifizierung ist notwendig, da oftmals auch der Kunde selbst nicht genauer seine Vorlieben kommunizieren kann, als ausschließlich tendenziös. Im Rahmen dieses Projektes soll jedoch die Möglichkeit implementiert werden, die Risikoversion gezielt und möglichst granular zu parametrisieren. So hat der Anleger, der seine Investments zwar automatisieren, dennoch nicht seine persönliche Intuition für das subjektive Marktverhalten außen vor lassen möchte, die Möglichkeit sein Trading zu beeinflussen (Stichwort: Behavioral Finance).[29]

Da nun die Portfolio Theory aufgrund ihrer Kreuzkorrelationen einen nahezu unbewältigenden Berechnungsaufwand mit sich bringt, wurde in den letzten fast 70 Jahren seit Markowitz' Publikation an der (zeit-)effizienten Implementierung der Portfolio Theory gearbeitet. Ein wichtiger Ansatz dafür bietet der Single-Index-Ansatz, welcher die Inputmenge für die Algorithmen durch stellvertretende Verwendung von Indizes approximiert und dadurch stark reduziert.[30]

---

27   Bruns, C., Steiner, M. (2007), S. 13.
28   Vgl. Breuer, W. (2001), S. 143.
29   Vgl. Goldberg, J., Nitzsch, R. (2004), S. 17f.
30   Vgl. Elton, E., Gruber, M., Brown, S., Goetzmann W. (2009), S. 130f.

2.1.3   Fundamentaldaten und Kennzahlen

2.1.3.1   Volatilität σ

„Im Wertpapiermanagement ist die Volatilität ein Maß für das Kursrisiko einer
Aktie. Je volatiler eine Aktie ist, um so größer ist die Schwankungsbreite ihrer
Kurse, und um so wahrscheinlicher ist es, daß ein bestimmter Kurs überschritten
wird."[31] Dieses Maß für die Streuung um ihr arithmetisches Mittel[32] wird im Fin-
anzumfeld als Standard für die Abschätzung des so genannten titelspezifischen
Risikos angesehen und basiert auf der Standardabweichung der Kursschwankun-
gen. Markowitz weist in diesem Zusammenhang zusätzlich auf den möglichen
Einsatz einer „Semideviation" hin, um effiziente Portfolios zu berechnen.[33]

„Zur Interpretation von Streuungsmaßen lässt sich festhalten: Je größer der
Wert eines Streuungsmaßes ist, desto mehr streuen die Beobachtungen. [...]
Streuungsmaße sollten daher eher als vergleichende Maßzahlen für thematisch
gleichartige Datensätze verwendet werden."[34]

$$\sigma = \sqrt{\frac{1}{n-1}\sum_{i=1}^{n}u_i^2 - \frac{1}{n(n-1)}\left(\sum_{i=1}^{n}u_i\right)^2}$$

n = Zahl der einkalkulierten Kursbildungen
u = aktueller Kurs (lässt sich auch mit dessen arithmetischem Mittelwert berechnen)

Nun ist abschließend zu berücksichtigen, dass ein geeigneter Betrachtungszeit-
raum gewählt werden muss, damit die Volatilität aussagekräftig ist. Hierfür wird
für gewöhnlich ein Zeitraum von 90 bis 180 Handelstagen gewählt.[35]

2.1.3.2   Varianz σ²

Die Varianz ist das quadratische Produkt der Standardabweichung und bildet ein
statistisches Streuungsmaß. Die empirische Varianz ist quantifizierendes Maß für
die Abweichung.[36] Es wird dazu benötigt, Korrelationen zu berechnen.[37]

---

31   Pflaumer, P., Heine, B., Hartung, J. (2005), S. 56.
32   Vgl. Oppitz, V., Nollau, V. (2004), S. 288.
33   Vgl. Markowitz, H. (1991), S. 77.
34   Cramer, E., Kamps, U. (2008), S. 34.
35   Vgl. Hull, J. (2001), S. 372.
36   Vgl. Cramer, E., Kamps, U. (2008), S. 33.
37   Vgl. Pfeifer, A. (2009), S. 293.

2.1.3.3 Rendite μ

Die Rendite eines Investment beschreibt den relativen Wertzuwachs in Prozent, entweder pro Jahr (p.a.) oder pro Trade. Sie errechnet sich als Quotient aus dem Kurs (k) eines Investments zum Zeitpunkt des Kaufs und Verkaufs.[38]

$$\mu = \frac{k_{t+1}}{k_t}$$

2.1.3.4 Risikonutzen (μσ-Prinzip)

Das Prinzip von Vereinigung der Volatilität σ und zu erwartender Rendite μ wird auch Erwartungswertprinzip genannt. Es wird bei gegebenem (möglichst geringem) Risiko-Level das Portfolio mit dem höchsten μ zusammengestellt. Mathematisch lässt es sich mit x_i als Anteil am Einzelwert folgendermaßen ausdrücken:[39]

$$\sum_{i=1}^{n} x_i \mu_i \rightarrow Max.$$

Aus dem Produkt von σ und μ ergibt sich der so genannte Risikonutzen Φ Daraus ergibt sich die Risikonutzen- oder Präferenzfunktion:[40]

$$\Phi(x) = \Phi(\mu, \sigma)$$

Dementsprechend gibt es für jede „Risikoneigung" eines Investors eine korrelierende Rendite. Diese mögliche Maximalrendite bei zuvor definiertem Risiko mit einem entsprechenden Portfolio zu „treffen" ist die Aufgabe des Wertpapiermanagements. Das Portfolio ist risikoeffizient, wenn es bei gleichem Risiko kein anderes gibt, welches eine höhere erwartete Rendite aufweist.

2.1.4 Technische Analyse

Die technische Analyse beschreibt die Interpretation von Kursdaten in Form von Charts und dient der „rechtzeitigen Erkennung von Aktienkursverlaufsmustern,

---

38   Vgl. Kremer, J. (2005), S. 73.
39   Vgl. Perridon, L., Steiner, M., Rathgeber, A. (2009), S. 108.
40   Vgl. Perridon, L., Steiner, M., Rathgeber, A. (2009), S. 111.

von denen angenommen wird, dass sie sich in der Zukunft wiederholen."[41] Anders als bei der Anlagebewertung auf Basis von Fundamentaldaten, beruht die technische Analyse ausschließlich auf dem Kursverlauf und dessen Ableitungen. An dieser Stelle soll allerdings nicht auf die, von vielen Händlern in der Praxis genutzte Interpretation von Chartformationen eingegangen werden, da diese nur unzulängliche Ergebnisse im Anbetracht des Implementierungsaufwandes darstellt. Von wesentlicher Relevanz dagegen sind die Kennzahlen zur Markt- bzw. Kursdynamik. Hier sind insbesondere die nachfolgenden vom Autor angedacht.

2.1.4.1 Moving Average

Der „gleitende Durchschnitt" ist Mittel der Wahl, wenn es darum geht, im fortlaufenden Handelsverlauf Kursschwankungen auszublenden und unberücksichtigt zu lassen. „Bei der Methode der gleitenden Durchschnitte wird der Wert der glatten Komponente zu einem bestimmten Zeitpunkt jeweils durch das arithmetische Mittel aus Beobachtungswerten in einem Zeitfenster um diesen Zeitpunkt genähert."[42]

2.1.4.2 Momentum

Innerhalb der technischen Analyse ist das Momentum die Kennziffer, die sich am direktesten auf die aktuelle Marktdynamik bezieht und diese zum Ausdruck bringt. „Das Momentum misst die Kraft eines Kurszyklus, indem die Zuwachsraten der Kurse betrachtet werden."[43] Dementsprechend ist das Momentum der Grad der Kursänderung. Im Punkt Momentum = 0 findet keine Kursänderung statt.

Darüber hinaus kann eine einmal in Gang gekommene Marktdynamik sich selbst verstärken: „[The] Momentum can be generated by the slow diffusion of information – as more people become aware of certain news, more people decide to buy or sell a stock, thereby driving the price in the same direction. [...] This leads to a momentum strategy called post earnings announcement drift".[44] Das Momentum lässt sich in relativen und absoluten Werten ermitteln:

$$M_t = \frac{K_t}{K_{t-1}} - 1 \quad \text{bzw.} \quad M_t = K_t - K_{t-1}$$

41   Bruns, C., Steiner, M. (2007), S. 272.
42   Cramer, E., Kamps, U. (2008), S. 143.
43   Bruns, C., Steiner, M. (2007), S. 283.
44   Chan, E. (2008), S. 117f.

2.1.4.3 Put-Call-Ratio

Die konventionelle Put-Call-Ratio betrachtet das Verhältnis von Verkäufen und Käufen eines Marktes bzw. eines Einzelwertes. „Verwendung findet die Put-Call-Ratio als Indikator für die Stimmung des Marktes und wird deswegen auch als Sentiment-Indikator bezeichnet. Eine hohe Put-Call-Ratio ist ein Zeichen für vorhandenen Pessimismus im Markt."[45]

Dieser Wert ist zwar exakt quantifizierbar, allerdings nicht besonders aussagekräftig, keineswegs stabil und darüber hinaus nicht sinnvoll in die eigenen Algorithmen zu integrieren. Dennoch ergibt es Sinn, das Verhältnis von Käufern und Verkäufern zu messen. Allerdings nicht so indifferenziert wie es von Bruns und Steiner vorgeschlagen wird, sondern bezogen auf das Orderbuch. Selbst das ist augenscheinlich noch nicht besonders aussagekräftig, da die Historie und damit die Relation fehlt. Demnach schlägt der Verfasser vor, aus der auf Basis der einzelnen Order gewichteten Put-Call-Ratio des Orderbuches eine Momentumanalyse durchzuführen, die somit die Dynamik der aktuellen Nachfrageänderung darstellt. Steigt diese in kurzer Zeit überdurchschnittlich (gleitender Durchschnitt) stark an, so hat dieser Einzelwert eine gesteigerte Aufmerksamkeit der Händler. Sofern sich dann additiv ein positiv gerichteter Aufwärtstrend ergibt, könnte dies bei gegebener Stabilität als Kaufsignal interpretiert werden.

2.1.4.4 Weiterführende Ansätze

Die bisher angeführten Ansätze sind nicht erschöpfend. Hier sind unter anderem die Oszillatoren, Trendkanäle (vergleichbar mit Konfidenzintervallen) und den so genannten „relativen Stärke"-Faktoren wie dem Relative Strength Index (RSI) zu nennen. Eine umfassende Betrachtung ist im Rahmen dieser Ausarbeitung weder vorgesehen noch erforderlich, zur initialen Filterung von Kapitalmarktdaten sind die bisher angedachten Ansätze hinreichend.

2.2 Kapitalmarktsynergetik

Nachfolgend werden organisatorische Grundlagen des börslichen Kapitalmarktes, der wiederum eine Teilmenge der Finanzmärkte ist, darstellt. In diesem werden Wertpapiere (verbriefte Privatrechte) gehandelt. Weiterhin wird hier zwischen Primär- und Sekundärmarkt differenziert.[46] Im Rahmen dieses Projektes ist

---

45   Bruns, C., Steiner, M. (2007), S. 286.
46   Vgl. Perridon, L., Steiner, M., Rathgeber, A. (2009), S. 162.

der Handel mit bereits am Markt etablierten Wertpapieren vorgesehen, insofern ist hier lediglich der Sekundärmarkt von Relevanz. Wie bereits eingangs definiert, bezieht sich die nachfolgende Betrachtung auf die Anlageklasse „Aktie", d.h. Kassamarkt.

Ein relevanter Teilbereich der Kapitalmarktsynergetik ist der vergleichsweise neue Forschungszweig der Mikrostrukturtheorie. Hier werden die Interaktionsbeziehungen einzelner Kapitalmarktteilnehmer detailliert analysiert, um so Erkenntnisse über zugrunde liegende Zusammenhänge der dynamischen Preisbildung zu gewinnen.[47]

2.2.1 Ordertypen

Es gibt viele unterschiedliche Arten von Typen der Orderausführung an den Kapitalmärkten. Dabei handelt es sich um so genannte Orderzusätze, welche die Order um zusätzliche Semantik erweitern. Es kann grundsätzlich nach den drei Kategorien Preis, Zeit und Volumen unterschieden werden.

Die relevantesten Ordertypen sind die konventionelle Marketorder und die Limitorder. Unterschied ist der auszuführende Handelskurs. Bei der Limitorder wird gemäß Bezeichnung ein Preislimit aufgestellt, sodass die Order nur ausgeführt wird, sofern das Limit eingehalten werden kann. Die Marketorder dagegen orientiert sich bei der Preisfindung am aktuellen Marktpreis, deshalb wird diese mitunter auch „Bestens" genannt, da der ausführende Broker den bestmöglichen Preis gemäß Marktlage wählt. Zeitlich gesehen kann darüber hinaus die Gültigkeit der eigenen Order angepasst werden. Im Normalfall wird der Handelsauftrag bei „Ultimo" bis zur Standardlöschung durch die Handelsplattform oder bis zu einem konkret durch den Investor definierten Zeitpunkt im System belassen. Schlussendlich kann noch anhand des Ordervolumens differenziert werden. Hier besteht die zumeist Möglichkeit, die Option „all or none" zu wählen, bei der dafür Sorge getragen wird, dass der Handelsauftrag ganz oder gar nicht ausgeführt wird. Per Default allerdings werden die Order gesplittet und zur Teilausführung freigegeben, dies ist insbesondere bei zunehmend größer werdenden Volumina unumgänglich.

Im Rahmen dieses initialen Prototypen soll nur der konventionelle Marketorder gehandelt werden. Hier bleibt ein gewisses Renditepotential vorerst ungenutzt und soll bei weiterführenden Iterationen der Software berücksichtigt werden.

---

47   Vgl. Bruns, C., Steiner, M. (2007), S. 6.

2.2.2 Kursbildung

Fälschlicherweise wird oftmals angenommen, dass der Kurs eines Wertpapiers sich nach der Verrechnung von anliegendem Angebot und gegenüberstehender Nachfrage richtet und der so entstandene Kurs ein Mittelwert bzw. Durchschnitt sei.[48] Dem ist nicht so, da bevor es zur Orderausführung und damit zur Kursbildung kommt, die Quantitäten von Angebot und Nachfrage im Orderbuch abgetragen werden.

Beispielhafte Darstellung eines Orderbuches:

Kaufaufträge	Limit	Verkaufsaufträge	Limit
40 Stück	Billigst	30 Stück	Bestens
20 Stück	124 Euro	50 Stück	124 Euro
60 Stück	125 Euro	40 Stück	125 Euro
50 Stück	126 Euro	20 Stück	127 Euro

Abbildung 2:   Einheitspreis und Orderbuch[49]

„Die Feststellung des so genannten Einheitskurses erfolgt dann vom Börsenmakler nach dem Meistausführungsprinzip".[50] Wenn nun der Broker bzw. das elektronische Handelssystem Angebot und Nachfrage entgegen genommen hat, wird die Wertigkeit für die höchste Transfermenge errechnet. Der neu entstehende Kurs ist also der Wert, bei dem der Austausch zwischen Käufern und Verkäufern am größten ist. Diese Dynamik bedingt auch, dass der überwiegende Teil des Orderbuches vorerst nicht ausgeführt werden kann. Dies ist insbesondere bei beschränkenden Limitorders der Fall. Auch bei Marketorders kommt es daher nicht selten zu Teilausführungen, sodass nicht das gesamte beanspruchte Volumen umgesetzt wird. Dies muss im Rahmen der Algorithmik berücksichtigt werden. Zusammenfassend lässt sich sagen: „Die Aufgabe der Börse ist dahingehend festgeschrieben, dass sie immer und zu jedem Zeitpunkt den Kurs ermitteln muss, bei dem Angebot und Nachfrage bestmöglich ausgeglichen sind".[51] Dieser dynamische Aspekt der Preisbildung ist Teil der Mikrostrukturtheorie.

Neben dem Orderbuch gibt es die so genannten Times&Sales-Listen (T&A), diese erfassen lediglich das Ergebnis der Kursbildung und enthalten dementsprechend nur Kurs und Umsatz pro Zeiteinheit. Der Umsatz ist also die konkrete Umsetzung des anliegenden Ordervolumens. Beispiel einer T&A-Liste:

---

48   Vgl. Voigt, M. (2010), S. 63.
49   Eigene Darstellung in Anlehnung an Stiefl, J. (2005), S. 37.
50   Stiefl, J. (2005), S. 37.
51   Voigt, M. (2010), S. 75.

INDU@NYSE - 06/10 [15:55...16:00] EST - Time & Sales   File   Configure
SIMULATED TRADING   SIMULATED TRADING   SIMULATED TRADING
Previous   Next   Now   Shift Time Period...   Reverse   Configure   Show All Trades ▼

○ Quote Panel
Contract   Last   Change   Bid   Ask   Position   Close   Low   High
INDU INDEX   ►11963.80   +11.90   11951.90   11936.80   11970.60
○ Chart

Date	Time	Bid Size	Bid	Ask	Ask Size	Last	Last Size	Volume
20110613	08:42:31 EST					11963.80		
20110610	15:59:59 EST					11951.00		
20110610	15:59:58 EST					11952.00		
20110610	15:59:57 EST					11952.40		
20110610	15:59:57 EST					11953.80		
20110610	15:59:24 EST					11954.80		
20110610	15:59:07 EST					11953.90		
20110610	15:59:03 EST					11953.00		
20110610	15:59:01 EST					11952.10		
20110610	15:58:52 EST					11951.10		
20110610	15:58:42 EST					11950.20		
20110610	15:58:41 EST					11951.10		
20110610	15:58:37 EST					11952.10		
20110610	15:58:32 EST					11951.10		
20110610	15:58:32 EST					11952.10		
20110610	15:58:31 EST					11953.10		
20110610	15:58:25 EST					11954.00		
20110610	15:58:21 EST					11954.90		

Data represents changes in columns, not individual trades

Abbildung 3:   Beispiel Time&Sales-Liste

Das Orderbuch enthält dadurch mehr Informationen als die T&A-Liste, da sich –
je nach erfasster Ordertiefe – eine quantifizierende Aussage über die Relation
von Angebot und Nachfrage treffen lässt. Auch wenn die überschüssig angebo-
tenen/nachgefragten Aktien keine Kursveränderung bedingen, lässt sich so die
Präferenz der Marktteilnehmer interpretieren. (Stichwort: „Ask/Bid-Ratio", Verhältnis von Kauf- und Verkaufspositionen). Hierbei handelt es sich um eine Ak-
kumulierung der jeweils angebotenen Volumina mit anschließender Quotienten-
bildung. Diese simple Kennziffer verschafft dem Marktteilnehmer zwar einen
schnellen Überblick, doch ist nach Auffassung des Autors nicht aussagekräftig
genug, da die anliegende Preisstruktur und damit die individuelle Handelsintensität der Teilnehmer unberücksichtigt bleibt.

2.2.3   Relevante Einflussfaktoren

Die für die Kursentwicklung relevanten Einflussfaktoren sind aufgrund zahlrei-
cher Interdependenzen an den Kapitalmärkten sehr vielfältig und variieren häufig. Darüber hinaus ist der betrachtete Zeitraum relevant. Der strategische Investor (zumeist institutionelle Anleger) verweilt länger im Markt und legt den Fokus
auf andere Handelsbedingungen-/Kriterien als kürzer orientierte Marktteilneh-

mer. Nachfolgend werden nur die technischen Einflussfaktoren, relevant für den Handel im angelegten Zeitrahmen >1 Handelstag dargestellt.

- Orderbuch: Volumen (Markttiefe)
- Time&Sales: effektives Volumen → Umsatz
- Kursrelation zum Marktkontext (z.B.: RSI)
- Branche und Branchenkontext

An dieser Stelle soll wiederholt auf die Relevanz des anliegenden Ordervolumens hingewiesen werden. Insbesondere bei kleineren Aktientiteln kann die Veräußerung bis zu mehreren Tagen dauern.[52] Dies stellt für automatisierte Handelsstrategien ein Liquiditätsrisiko dar, welches mit Beschränkung des Anlagesegmentes auf fungible Einzelwerte liquider Börsenindizes umgangen werden soll.

Im Rahmen der Ausarbeitung zur Portfolio Theory konnte aufgezeigt werden, dass jegliche Marktobjekte unterschiedliche Korrelationen aufweisen. Diese beeinflussen das Portfolio und zählen dementsprechend zu den relevanten Einflussfaktoren. In Abbildung 4 ist die konkrete Ausprägung dieser als marktübergreifende Übersicht dargestellt.

Das untere Dreieck enthält die 5-Jahres- und das obere die 1-Jahres-Korrelationen. Während im Wertebereich von >0 bis 1 eine zunehmende, gegenseitige Beeinflussung zu beobachten ist, bedeutet exakt 0 keine Korrelation. Analog dazu verhält es sich mit <0 bis -1, dieser Bereich indiziert eine negative Korrelation. Diese konkreten Werte bekommen während der Nachbildung der Gesamtkapitalmarktsynergetik als Rahmenmodel eine praktische Relevanz, da sie als initiale Richtwerte dienen können. Langfristig allerdings sollten diese Indikatoren regelmäßig neu berechnet werden, da die Korrelationen an den Kapitalmärkten der eigenen Dynamik unterworfen sind und somit variieren.

Darüber hinaus gibt es so genannte „Marktanomalien", die durch unkonventionelle Preisbildung am Markt dessen gewöhnliche Handelsmuster und damit die Gesetzmäßigkeit des vollkommenen Marktes durchbrechen. So nennt Dr. Gerald Pilz beispielsweise das divergierende Verhältnis einzelner Monate zur Renditeentwicklung. Demnach konnte für den Handelszeitraum 1904 bis 1974 empirisch belegt werden, dass einzelne Monate handelsintensiver sind und im Durchschnitt höhere Renditen zu erwarten sind. Dies trifft insbesondere auf den Monat Januar zu, daher auch die umgangssprachliche Bezeichnung „Januar-Effekt".[53] Dennoch spielen derartige Marktanomalien mangels beweisbarer Korrelation von Ursache und Wirkung für technisch orientierte Algorithmen keine Rolle. So genannte „Scheinkorrelationen" und das damit verbundene „Data-

---

52   Vgl. Pilz, G. (2007), S. 133.
53   Vgl. Pilz, G. (2007), S. 173.

Mining-Problem"[54] sind mangels Kausalität bzw. Determinismus nicht aufzulösen und sind somit nicht Bestandteil dieser Ausarbeitung.

	DAX	EuroSTOXX 50	Nasdaq 100	S&P 500	Nikkei 225	DAXglobal BRIC	S&P GSCI	S&P GSCI Energy	S&P GSCI Agriculture	S&P GSCI Industrial Metals	S&P GSCI Precious Metals	S&P GSCI Livestock	Brent Rohöl	Gold	EUR/USD	EUR/JPY	EUR/GBP	6M Euribor	10J EUR Swapsatz	Rex Performance Index
DAX		0,94	0,83	0,9	0,59	0,69	0,51	0,46	0,28	0,63	0,29	0,09	0,42	0,28	0,45	0,5	0,1	0	0,46	-0,43
EuroSTOXX 50	0,96		0,8	0,9	0,61	0,59	0,46	0,41	0,25	0,62	0,26	0,17	0,37	0,24	0,51	0,55	0,2	0,09	0,54	-0,49
Nasdaq 100	0,84	0,8		0,93	0,55	0,61	0,49	0,47	0,2	0,54	0,28	-0,01	0,47	0,26	0,37	0,44	0,03	0,05	0,5	-0,4
S&P 500	0,88	0,87	0,93		0,57	0,63	0,53	0,5	0,23	0,63	0,29	0,07	0,47	0,28	0,46	0,51	0,08	0,11	0,54	-0,46
Nikkei 225	0,74	0,72	0,68	0,72		0,51	0,28	0,24	0,17	0,41	0,15	0,13	0,13	0,14	0,41	0,63	0,25	0,11	0,38	-0,44
DAXglobal BRIC	0,78	0,73	0,71	0,75	0,72		0,39	0,35	0,2	0,45	0,21	0,19	0,34	0,21	0,02	0,1	-0,16	0	0,15	-0,13
S&P GSCI	0,51	0,5	0,47	0,52	0,45	0,54		0,98	0,57	0,53	0,41	0,16	0,92	0,39	0,35	0,31	0,12	-0,1	0,38	-0,25
S&P GSCI Energy	0,48	0,48	0,44	0,5	0,42	0,51	0,98		0,41	0,47	0,39	0,09	0,95	0,37	0,31	0,3	0,1	-0,1	0,38	-0,25
S&P GSCI Agriculture	0,34	0,33	0,29	0,31	0,29	0,32	0,62	0,5		0,19	-0,02	0,22	0,35	-0,03	0,06	0,05	-0,07	-0,06	0,16	-0,07
S&P GSCI Industrial Metals	0,57	0,58	0,52	0,55	0,51	0,57	0,7	0,64	0,5		0,61	0,08	0,42	0,57	0,64	0,47	0,39	-0,04	0,3	-0,25
S&P GSCI Precious Metals	0,1	0,08	0,07	0,09	0,04	0,17	0,43	0,39	0,3	0,34		0,14	0,4	0,99	0,59	0,26	0,5	-0,15	0,07	-0,1
S&P GSCI Livestock	0,26	0,25	0,24	0,27	0,26	0,27	0,25	0,23	0,14	0,19	0,03		0,04	0,16	0,1	0,13	0,23	0,28	0,1	-0,26
Brent Rohöl	0,46	0,46	0,45	0,48	0,4	0,49	0,95	0,96	0,5	0,62	0,4	0,25		0,38	0,22	0,19	0,02	-0,16	0,31	-0,17
Gold	0,06	0,04	0,02	0,04	0	0,13	0,38	0,34	0,27	0,28	0,99	0,01	0,36		0,56	0,22	0,5	-0,13	0,05	-0,09
EUR/USD	0,35	0,38	0,34	0,37	0,3	0,18	0,46	0,41	0,4	0,44	0,46	0,1	0,41	0,43		0,81	0,75	-0,08	0,48	-0,45
EUR/JPY	0,54	0,55	0,54	0,55	0,58	0,46	0,52	0,48	0,37	0,55	0,25	0,19	0,47	0,21	0,68		0,6	0,13	0,56	-0,57
EUR/GBP	-0,03	-0,02	0,01	0,02	-0,08	-0,14	0,04	0,02	0,07	0,01	0,18	-0,01	0,02	0,18	0,48	0,18		0,06	0,16	-0,24
6M Euribor	0,04	0,04	0,02	0,04	0,01	-0,02	0,14	0,16	0,01	0,06	-0,04	0,06	0,09	-0,04	0,06	0,07	-0,04		0,27	-0,25
10J EUR Swapsatz	0,4	0,43	0,37	0,39	0,36	0,26	0,31	0,3	0,21	0,28	0,09	0,15	0,28	0,07	0,31	0,44	0,06	0,23		-0,88
Rex Performance Index	-0,46	-0,46	-0,42	-0,42	-0,44	-0,36	-0,34	-0,33	-0,22	-0,3	-0,06	-0,14	-0,3	-0,04	-0,3	-0,5	0,02	-0,16	-0,73	

Legende	1>p>=0,75	0,75>p>=0,5	0,5>p>=0,25	0,25>p>=0	0>p>=-0,25	-0,25>p>=-1

Abbildung 4:   Marktübergreifende Korrelationsmatrix (Wochenbasis)[55]

2.2.4 Handelsplätze

Der Terminus „Handelsplatz" bezeichnet den Ort der Orderdurchführung. Aufgrund der hohen Fungibilität ist für (teil-)automatisierte Handelssysteme der US-amerikanische Kapitalmarkt von größter Lukrativität. Im Rahmen dieser Ausarbeitung werden die Kapitalmarktspezifika der europäischen Börsensegmente angenommen. Die deutsche Wertpapierbörse definiert folgende fünf unterschiedliche Segmente:[56]

54   Vgl. Pilz, G. (2007), S. 177.
55   Eigene Darstellung in Anlehnung an Finanzen.net (2011).
56   Perridon, L., Steiner, M., Rathgeber, A. (2009), S. 162.

1. Prime Standard
2. General Standard
3. Entry Standard
4. First Quotation Board (Open Market)
5. XTF Exchange Traded Funds

Diese unterscheiden sich gemäß ihrer Anforderungen an Reglementierung und Transparenz (z.B. Quartalsberichterstattung, Ad-hoc-Meldungen, etc.). Zwecks Übersichtlichkeit beschränkt sich dieses Projekt auf Werte im Prime Standard („Prime All-Share-Index"), dieser umfasst Werte aus DAX, MDAX, SDAX und TecDAX.[57] Diese Beschränkung verringert darüber hinaus auch die Gefahr von überdurchschnittlichen Volatilitäten aufgrund geringer Handelsintensität bzw. geringem Handelsvolumen.

2.2.5 Grundlagen der Prediction

Um eine Selektion eines Wertpapierportfolios durchführen zu können, ist eine Quantifizierung des Faktors Rendite notwendig. Hierzu ist eine Abschätzung notwendig, deren Ursprünge unterschiedlicher Art sein können. Die für Finanzmärkte relevante Prognosen (Predictions) lassen sich in drei Kategorien einteilen:[58]

1. konjekturale Prognosemethoden
2. strukturmodellgestützte Prognosemethoden
3. zeitreihengestützte Prognosemethoden

Die unterschiedlichen Methoden zur Erstellung konjekturaler Prognosen beziehen sich auf realwirtschaftliche Zusammenhänge und sind daher auf einen längeren Zeithorizont angelegt. „Dabei wird versucht, sämtliche ökonomisch relevanten Daten, wie z.B. Weltkonjunktur, Währungsparitäten, Inlandsentwicklung, Branchenentwicklung usw., sukzessive mit in das Kalkül einzubeziehen."[59] Die für dieses Projekt relevanten, kurzfristigen Auswirkungen ergeben sich dabei nur im Rahmen kurzfristiger Korrekturen fundamentaler Bewertungsasymmetrien. Dementsprechend können jegliche konjekturale Prognosen unberücksichtigt bleiben.

Strukturmodellgestützte Prognosen dagegen legen ähnliche oder sich wiederholende Strukturen wie Zyklen oder Entwicklungsmuster zugrunde („Analogie-

57 Perridon, L., Steiner, M., Rathgeber, A. (2009), S. 164.
58 Bruns, C., Steiner, M. (2007), S. 83.
59 Bruns, C., Steiner, M. (2007), S. 85f.

prinzip"[60]) und abstrahieren damit einen (Kurs-)Verlauf auf ein mathematisches Modell. Anhand diesem lässt sich nun der weitere Funktionsverlauf unter Berücksichtigung eines Fehlermaßes – der zu erwartender Abweichungen (Tracking-Error) – auf die zukünftigen Funktionswerte übertragen. „Gelingt es, ein Modell zu entwickeln, das die groben Zusammenhänge eines Systems hinreichend gut beschreibt, dann können zukünftige Systemausprägungen simuliert werden."[61] Auch wenn die Strukturmodellprognosen laut Steiner und Bruns nur eine untergeordnete Rolle bei Kapitalanlageinstrumenten spielen[62], sind die hierzu gehörenden Algorithmen dennoch diejenigen, mit dem größten Genauigkeitspotenzial. Dies erklärt sich mit der Tatsache, dass andere Verfahren (wie bspw. die Trendextrapolation) nicht in der Lage sind, komplexe Muster („Tradingpatterns") zu identifizieren und adäquat fortzuführen. Daraus ergab sich im Rahmen der Kapitalmarktforschung der Ansatz generischer Algorithmen und neuronaler Netze. Bisher ist es – zumindest mit Hinblick auf die relevante Fachliteratur – noch nicht gelungen, abstrahierende Algorithmen zu entwickeln, deren Sensibilität für die Erkennung und Anpassung unterschiedlicher Strukturmuster hinreichend exakt wäre.

Zeitreihengestützte Prognosen beschränken sich auf die Identifikation von Trends, im Gegensatz zu gesamtheitlichen Strukturen. Die hier subsumierten Methoden sind die einperiodische Betrachtungsweise („Praktikermethode"), die lineare Einfachregression und die nichtlineare Regressionsfunktion auf Basis von Abweichungsquadraten. Diese werden unter dem Begriff „Trendextrapolation" zusammengefasst.

In der Finanzliteratur finden sich weitere Methoden wie die technische Analyse oder das Chartreading, welches u.a. auf Basis der Interpretation von Chartformationen und der graphischen Trendanalyse (z.B. mithilfe sog. Trendkanäle) erfolgt.[63] Diese Varianten sind zum Teil nicht präzisiert und unterliegen den subjektiven Schwankungen des Betrachters.[64] Darüber hinaus lassen sich Trendfolge und Chartformation nur unzureichend algorithmisch exakt abbilden.

Abschließend lässt sich sagen, dass ein wesentliches Problem aller Methoden der Prognostik das Auftreten von Struktur- oder Trendbrüchen ist, bei denen der Verlauf grundlegend verändert wird. Dies können beispielsweise systematische, gesamtmarktbezogene Änderungen sein, deren Auswirkungen auch für spezifische Assets gelten. Als Praxisbeispiele können hier u.a. die Finanzkrise 2008 oder die Marktkorrektur 2000/2001 (sog. „Dotcom-Bubble") genannt werden. Derartige Risiken lassen sich nur bedingt mithilfe von Modellen erfassen, deren Entscheidungsgrundlage sich auf Finanzmarktdaten beschränkt.

---

60   Bruns, C., Steiner, M. (2007), S. 86.
61   Bruns, C., Steiner, M. (2007), S. 86.
62   Vgl. Bruns, C., Steiner, M. (2007), S. 86.
63   Perridon, L., Steiner, M., Rathgeber, A. (2009), S. 244.
64   Vgl. Pilz, G. (2007), S. 162.

2.2.6 Aufwandsbetrachtung

Bei den eingangs dargestellten Modellen zur Kalkulation des optimalen Portfolios stellt sich neben den ökonomischen Unschärfen auch die Frage nach der praktischen Durchführbarkeit. Während bei Sharpes Single-Index-Modell ein linear ansteigender Aufwand für Berechnung der Ergebnisse pro Anzahl der Portfolioelemente (xi) zu beobachten ist, benötigt Markowitz' Portfolio-Selection-Modell einen exponential steigenden Rechenaufwand.

„Die Durchführung einer µ-σ-Portfolioanalyse in praktischen Anwendungen aufgrund des hohen Datenbedarf zu einem enormen Schätz- und Rechenaufwand führt und sich die Ermittlung µ-σ-effizienter Portfolios als sehr komplex erweisen kann. Beide Probleme haben ihre Ursache in der quadratisch mit der Anzahl berücksichtigter Wertpapiere wachsenden Zahl benötigter Kovarianzen."[65]

2.2.7 Aktuelle Kapitalmarkttrends

Ein bereits grundsätzlich aufgezeigter Trend ist die zunehmende Beschleunigung des Tradings, hier allerdings sind die noch nicht ausgeschöpften Potentiale gering. Darüber hinaus gibt es weitere Entwicklungen an den internationalen Finanzmärkten, die hier in gebotener Kürze erläutert auf eventuelle Dienlichkeit überprüft werden sollen.

2.2.7.1 Enhanced Indexing

Beim der erweiterten Indizierung handelt es sich um unterschiedliche Ansätze mit dem gemeinsamen Ziel, einen zugrunde liegenden Index zu „outperformen". Grundsätzlich handelt es sich hierbei um eine Zwischenform von aktivem und passivem Portfoliomanagement. Dabei soll unter anderem mit speziellen Ausschlusskriterien gefiltert werden, sodass nur leistungsstärkere Einzelwerte im Portfolio verweilen. Die UBS sieht darüber hinaus den Hauptvorteil des Enhanced Indexing in der Minimierung des Tracking Errors (~1%) im Vergleich zu konventionell aktiv-verwalteten Fonds (~4%).[66] Darüber hinaus nutzt Enhanced Indexing auch andere Finanzierungsmodelle, sodass oftmals bedeutend mehr Fremdkapital zum Einsatz kommt – mitunter auch in Form derivativer Kontrak-

---

65   Breuer, W., Gürtler, M., Schuhmacher, F. (2010), S. 340.
66   Vgl. UBS (2011).

te. Kritisch betrachtet könnte Enhanced Indexing daher eher als Marketing-instrument denn als Finanzmarktinnovation bewertet werden.[67]

2.2.7.2   Core Satellite Approach

Hier muss zunächst der Begriff „aktuell" relativiert werden. Erste wissenschaftli-che Literatur zu Core Satellite kam bereits 2004 auf und die praktischen Grundla-gen sind noch vor 2000 entstanden. Definieren lässt sich Core Satellite wie folgt: „A core-satellite approach is a more qualitative way of thinking about asset alloca-tion strategies that help the portfolio accomplish its goals and meet its obligations. Simply put, a portfolio managed from a core-satellite perspective allocates some money to core asset classes and uses them to help the portfolio to the satellite ring and give the portfolio a chance to grow faster than the broad market averages."[68]

Demnach geht es um die Ergänzung des (möglichst sicher disponierten) Kerngeschäftes durch lukrative, riskantere Investment-„Außenposten", die aller-dings nur einen geringen Anteil am Gesamtportfolio ausmachen.[69]

2.3   Risk-Management

Das Risikomanagement beschreibt die Verwaltung, Kontrolle und Steuerung von Risiken, die im Zusammenhang eines beeinflussbaren Handlungsspielraumes entstehen und von den beteiligten Akteuren möglichst gering gehalten werden möchten. Dementsprechend gibt es an den Finanzmärkten immer schon – ver-stärkt seit den 70er Jahren – Bestrebungen, vorliegende Risiken zu analysieren, kategorisieren und geeignete Strategien zu deren Vermeidung bzw. Minimierung zu liefern. Ein ausbalanciertes Management der anzutreffenden Risiken ist vor dem Hintergrund der anzustrebenden Markteffizienz vorteilhaft, doch auch die Grenzen des Risikomanagements sind zu berücksichtigen. So besteht aufgrund der Kapitalmarktstruktur niemals die Möglichkeit, ein Risiko auszuschalten, sondern es kann lediglich von anderen Marktteilnehmern übernommen und da-mit besser austariert werden.

Guserl beschreibt ganzheitliches Risikomanagement als kontinuierlichen Prozess:[70]

---

67   Vgl. Handelsblatt (2002).
68   Vgl. Singleton, J. (2004), S. 3f.
69   Vgl. Gottschalck, A., Stumm, K. (2006).
70   Vgl. Guserl, R. (2004), S. 195.

Abbildung 5:   Der kontinuierliche Riskmanagement-Prozess[71]

In den letzten Jahren haben sich durch ICT-Innovationen, insbesondere durch die Erweiterung der Datenübertragungsmengen, neue Möglichkeiten im Bereich des automatisierten Risikomonitorings an den Kapitalmärkten ergeben. Während das Standardmodell zur Portfolioselektion zwar Identifikation plus Bewertung vornimmt und die Bewältigung durch Diversifikation erfolgt, besteht kein hinreichender Ansatz für ein angemessenes Monitoring, bei dem der Markt fortwährend beobachtet und zugrunde liegende Risikomaße in der Software adjustiert werden.

Abschließend soll der Fokus auf einen ganzheitlichen Ansatz gelegt werden: „Wenn auch in der Portfoliomanagementpraxis quantitative Risikomessungen dominieren, so ist doch auf die unbedingte Notwendigkeit qualitativer Risikobeurteilungen hinzuweisen. Denn quantitative Risikokennzahlen werden stets auf der Basis von Vergangenheitsrealisationen gebildet. Die Vergangenheit ist jedoch oftmals nicht hinreichend indikativ für die Zukunft, obwohl Risikomaße tendenziell stabiler sind als Renditekennzahlen.“[72]

---

71   Eigene Darstellung in Anlehnung an Guserl, R. (2004), S. 166.
72   Bruns, C., Meyer-Bullerdiek, F. (2008), S. 8.

Es stellt sich an dieser Stelle die Frage, welche qualitativen Indikatoren für die in diesem Projekt angestrebten minimalen Handelszeiträume von Relevanz sind. Da kurzfristige Aktienkurse tendenziell von kurzlebigen Nachrichten und Veröffentlichungen beeinflusst werden und nicht etwa von substanziellen wirtschaftlichen Veränderungen, müssten eben diese subjektiven Meldungen berücksichtigt werden. Dies allerdings ist nicht per objektivem Maß zu bewerkstelligen. Dementsprechend schlägt der Autor an dieser Stelle vor, diese quantitativen Faktoren unberücksichtigt zu lassen oder einen Workaround zu nutzen. Dieser könnte beispielsweise in der Weise realisiert werden, in dem nicht etwa versucht wird zu messen, ob eine Nachricht positive oder negative Auswirkungen auf das eigene Portfolio haben wird, sondern ob die Nachrichtendensität variiert. Hintergrund der Annahme ist die Überlegung, dass ein erhöhtes Informationsvolumen den Markt beeinflussen wird, obgleich kein Marktteilnehmer objektiv in der Lage sein wird, die Tendenz der daraus resultierenden Konsequenzen determinieren („multiples Erklärungsdilemma").[73] Da Anleger auf jegliche Art von Meldung unterschiedlich und selten einheitlich reagieren, ist es im Rahmen eines Safety-First-Investment-Ansatzes vorzuziehen, das eingegangene Risiko durch Positionsverringerung zu minimieren.

2.3.1 Risikoarten und Risikomatrix

Das betriebswirtschaftliche Rechnungswesen differenziert bei Forderungen zwischen spezifischem und unspezifischem Risiko. Analog dazu die Anlagerisiken, die sich nach Einzelwerten und dem Gesamtmarktrisiko unterscheiden lassen. Doch anders als die in der Höhe statischen Forderungen sind Aktieninvestments volatil. Dementsprechend ist das wichtigste Risiko bei Anlageentscheidungen das so genannte Kursrisiko. Es beschreibt die möglichen Wertverluste und – Zugewinne anhand des an den Finanzmärkten definierten Kurses. Die Schwankungsbreite kann in Form der Volatilität ausgedrückt werden. Das Risiko erhöht sich demnach mit der dem Investment zugrunde liegenden Zeitkonstante. Anders als bei Forderungen üblich, gibt es keinen festen Investmentzeitraum, sodass Timing anhand der Zeitkoordinate entscheidend für Risiko und Rendite ist.[74] Bei beiden identisch ist das konventionelle Ausfallrisiko, entweder des Schuldners oder des Emittenten bzw. der Kapitalgesellschaft. Doch hier muss unterschieden werden zwischen tatsächlichem Ausfall in Form der Kapitalhaftung und der Ausfallwahrscheinlichkeit des Portfolios. Denn anders als beim Forderungsausfall, ist es bei Kapitalmarktinvestitionen eher der Fall, dass die erzielte

---

73   Vgl. Haas, A., Scheufele, B. (2008), S. 286.
74   Vgl. Döring, U., Buchholz, R. (2009), S. 126.

unterhalb der prognostizierten Rendite liegt. „Die Wahrscheinlichkeit, eine Rendite unterhalb der Zielrendite zu realisieren, kann daher als ‚Ausfallwahrscheinlichkeit' bezeichnet werden."[75] Breuer et al. gehen im Rahmen des „Safety-First"-Ansatzes davon aus, dass dieses so genannte „Downside Risk" durch die Wahl des Portfolios mit der geringsten Risikoakkumulation gewählt werden sollte.[76]

Eine Untersuchung dieses Ansatzes für den Zeitraum 1986-1992 wurde von Kleeberg vorgenommen[77] – das Ergebnis: „Der Financial Times Deutschland-Index wird durch das entsprechende Minimum-Varianz-Portfolio bei einer jährlich um 8,04 Prozentpunkte geringeren Standardabweichung um 5,36% aktive Rendite geschlagen."[78]

Ein börsenspezifisches Risiko ist das so genannte Liquiditätsrisiko, welches die Thematik der Veräußerbarkeit (Fungibilität) einzelner Portfoliotitel beschreibt.

Darüber hinaus ist noch das Währungsrisiko zu nennen, bei dem die unterschiedlichen Devisenwechselkurse im internationalen Handel die Rendite beeinflussen, sofern währungsübergreifend gehandelt wird.[79]

Ein weiteres Risiko, welches für diese Ausarbeitung von hoher Relevanz ist, ist das Transaktionskostenrisiko. Es besteht das nur bedingt kalkulierbare Risiko, dass die anfallenden Transaktionskosten beim Handel am Kapitalmarkt einen etwaigen Gewinn derart minimieren, dass die abschließende Performancebetrachtung negativ ausfällt. Dieses Risiko ist insofern nur bedingt kalkulierbar, als dass auch in volumenintensiven Marktsegmenten kein vollkommener Markt herrscht und nicht jederzeit zum angeforderten Preis gehandelt werden kann – insbesondere nicht bei starken Kurssprüngen. Um diesem Risiko zu begegnen, wird ein dynamisches Handelslimit eingebaut, der sich an der Volatilität des zugrunde liegenden Gesamtmarktes quantifizieren soll.

Abschließend soll das „allgemeine Risiko" genannt sein, welches laut Fischer jegliche anderen Risiken beim Handel an Kapitalmärkten beinhaltet. Hier sind Risiken wie beispielsweise die Änderung von Inhaberstrukturen gemeint.[80] Der Volkswirt Mankiw erweitert das recht indifferenzierte „allgemeine Risiko" um das so genannte Idiosynkratische Risiko. Es bezeichnet Unzulänglichkeiten, die nur auf einzelne Akteure des Kapitalmarktes zutreffen und sich somit ebenfalls durch Diversifikation zerstreuen lassen.[81]

---

75   Breuer, W., Gürtler, M., Schuhmacher, F. (2006), S. 115.
76   Vgl. Breuer, W., Gürtler, M., Schuhmacher, F. (2006), S. 115ff.
77   Vgl. Kleeberg, J.-M. (1993), in: Die Bank, März-Ausgabe, S. 160-164.
78   Staehle, H. (2005), S. 83.
79   Vgl. Prätsch, J., Schikorra, U., Ludwig, E. (2007), S. 23.
80   Vgl. Fischer, B. (2001), S. 232.
81   Mankiw, N. (2004), S.641ff.

2.3.2 Ansätze des Risikomanagements

In der Finanztheorie finden sich mehrere Ansätze der Risikosteuerung:

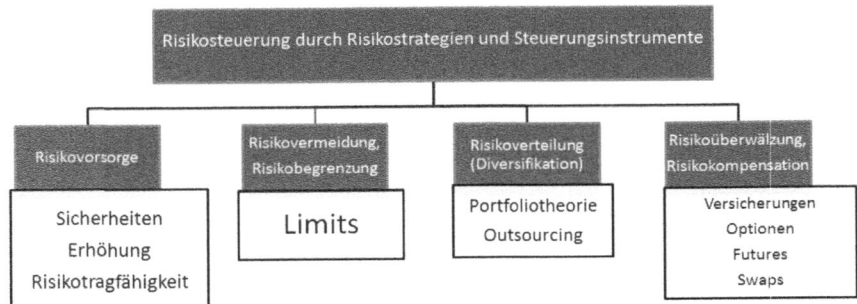

Abbildung 6:   Risikostrategien und Steuerungsinstrumente[82]

Es besteht aufgrund der Vielfalt der Kapitalmärkte grundsätzlich die Möglichkeit, eigene Risiken auszubalancieren, sodass etwaige Verluste minimiert werden können. Dies geschieht unter Verwendung unterschiedlicher Ansätze, die im Folgenden vorgestellt werden. Grundsätzlich wird bei der finanzmathematischen Risikobetrachtung differenziert zwischen systematischem Gesamtmarktrisiko (gemessen am Betafaktor) und dem speziellen, dem unsystematischen Risiko (gemessen an dessen spezifischer Volatilität). „Während das unsystematische Risiko bei Kapitalanlagen durch Diversifikation beseitigt werden kann, bieten Portfolio Insurance Strategien die Möglichkeit zum Handling des systematischen Risikos."[83]

Grundsätzlich lässt sich dazu einwenden, dass ein spezifisches Risiko gemäß Markowitz' Portfolio Theory gestreut werden kann. Was die Anwendung des RisikManagements auf Kapitalmärkte von allgemeiner betriebswirtschaftlicher Anwendung unterscheidet, ist insbesondere die Möglichkeit zur vollständigen Vermeidung von Risiken im Sinne einer Schadensverhütung („Risk Engineering").[84] Zielsetzung im Rahmen des vorliegenden Projektes ist die Risikosteuerung im Sinne einer Ausbalancierung anhand von quantifizierbaren Kennzahlen, sodass der Investor in die Lage versetzt wird, anhand selbst gewählter Risikoaversion sein automatisch zusammengestelltes Portfolio zu beeinflussen.

---

82   Eigene Darstellung in Anlehnung an Wolke, T. (2008), S. 79.
83   Bruns, C., Steiner, M. (2007), S. 411.
84   Vgl. Guserl, R. (2004), S. 173.

2.3.2.1 Value at Risk

Das „Wert im Risiko" stellt ein Risikomaß dar, welches Auskunft darüber gibt, wie hoch der vermeintliche Maximalverlust eines Investments in Relation zu einer bestimmten Wahrscheinlichkeit ist. „Value-at-risk (VaR) represents a loss limit which is exceeded with respect to a (small) given frequency α ".[85]

Dies ist möglich, da die Annahme zugrunde gelegt wird, dass Renditen in effizienten Kapitalmärkten annähernd statistisch standardnormalverteilt sind.[86]

Dabei wird dieses Risikomaß auch als „Capital at Risk", seltener auch als „Earnings at Risk" bezeichnet, da es sowohl auf die Kapitalbasis als auch auf die Erträge anwendbar ist. Die Berechnung erfolgt auf Basis von $\Phi^{-1}(\alpha)$, die Umkehrfunktion der Standardnormalverteilung bei einer Irrtumswahrscheinlichkeit von $\alpha \in (0;1)$ [87]

$$VaR_\alpha(X) = -[\Phi^{-1}(\alpha) \cdot \sigma_{PF} + \mu_{PF}] \cdot PF_\epsilon$$

Das Konfidenzniveau c ist der angelegte Maßstab für die implizierte Sicherheitswahrscheinlichkeit und wird deshalb auch „Vertrauensniveau" bezeichnet. „Es gibt formal die Sicherheitssensitivität einer Intervallschätzung an und bestimmt die Wahrscheinlichkeit, dass der Portfolioverlust bei einer gegebenen Irrtumswahrscheinlichkeit α = 1-c nicht größer als der entsprechende Value at Risk ist."[88]

Hintergrund für Intervallschätzungen ist die Unzulänglichkeit von einzelnen Ausgangswerten: „Da Punktschätzungen i.Allg. nur sehr ungenaue Prognosen liefern, werden oft Konfidenzintervalle angegeben. Diese Bereiche werden so konstruiert, dass mit hoher Wahrscheinlichkeit der untersuchte (unbekannte) Parameter in dem angegebenen Bereich liegt."[89]

In der Kapitalmarkt-Praxis lässt sich der VaR-Ansatz veranschaulichen:

---

85   Moix, P.-Y. (2001), S. 12.
86   Vgl. Bruns, C., Meyer-Bullerdiek, F. (2008), S. 25f.
87   Vgl. Esch, L., Kieffer, R., Lopez, T. (2005), S. 191.
88   Bruns, C., Steiner, M. (2007), S. 74.
89   Cramer, E., Kamps, U. (2008), S. 235.

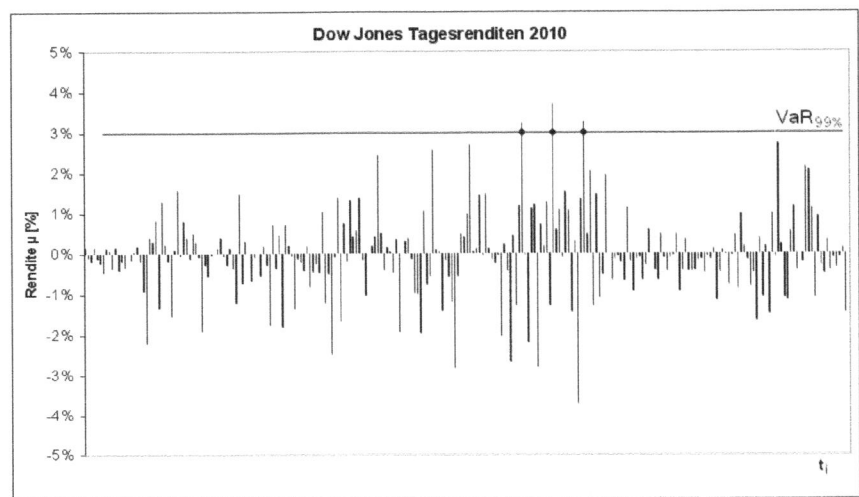

Abbildung 7:   Value at Risk am Beispiel (New York Stock Exchange, DJIA)[90]

Zur Implementierung wird noch eine Möglichkeit benötigt, den Faktor $\Phi^{-1}(\alpha)$ zu kalkulieren. Dafür gibt es unterschiedliche Ansätze, zum Beispiel die Simulationsmethoden oder den Delta-Plus-Ansatz. An dieser Stelle sei allerdings auf die Praktikabilität des so genannten „Modified VaR"-Ansatzes verwiesen, welcher auf Basis von Approximation den gesuchten Faktor für das zugrunde liegende α -Quantil abschätzt. Das mathematische Verfahren heißt „Cornish-Fisher-Approximation":[91]

$$F^{-1}(\alpha)=\Phi^{-1}(\alpha)+\frac{1}{6}\left[\Phi^{-1}(\alpha)^2-1\right]M_3+\frac{1}{24}\left[\Phi^{-1}(\alpha)^3-3\Phi^{-1}(\alpha)\right]M_4-\frac{1}{36}\left[2\Phi^{-1}(\alpha)^3-5\Phi^{-1}(\alpha)\right]M_3^2$$

$F^{-1}(\alpha)$ basiert dabei auf der inversen Gewinn- und Verlustverteilung der Standardnormalverteilung.[92]

Aufgrund dieser Berechnung kann der Value at Risk für Einzelwerte, aber auch für das gesamte Portfolio ermittelt werden.[93] Die Einheit des VaR sind Geldeinheiten, da das Risiko in absoluten Zahlen, dementsprechend in Euro angegeben wird. Nachfolgend sind VaR und Zusammenhang zum Konfidenzinterval veranschaulicht:

---

90   Eigene Darstellung in Anlehnung an Döhler, S., Cottin, C. (2009), S. 328.
91   Vgl. Bruns, C., Steiner, M. (2007), S. 73.
92   Vgl. Bruns, C., Steiner, M. (2007), S. 73.
93   Vgl. Christoffersen, P. (2003), S. 79f.

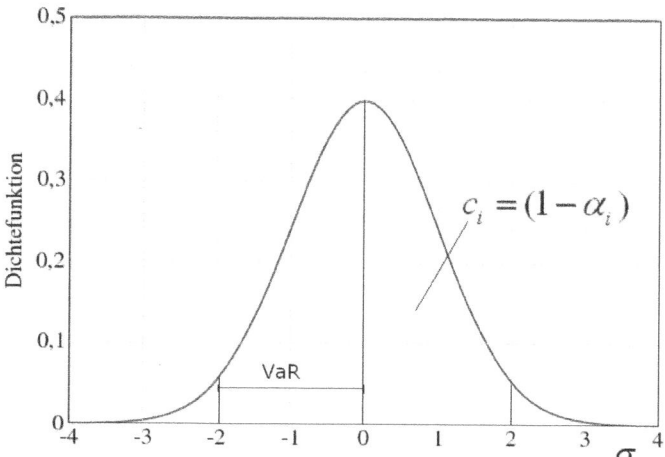

Abbildung 8:   Veranschaulichung des VaR (Standardnormalverteilung)[94]

Für eine Implementierung fehlt noch die Festlegung auf ein Sensitivitätsniveau. Während bei institutionellen Anlegern dieses oftmals durch Richtlinien[95] der Eigenkapitalunterlegung (BASEL II) statisch vorgegeben wird, sieht der Autor darüber hinaus die Möglichkeit, das Konfidenzniveau dynamisch zu implementieren. Dies könnte sich an der Standardabweichung des zugrunde liegenden Kapitalmarktes orientieren.

Ein höheres Konfidenzniveau führt zu einer höheren Intervallschätzung und damit zu einem höheren VaR. Wenn also das Risiko des Gesamtmarktes involviert werden soll, muss dies in die Intervallschätzung eingebaut werden. Zur Vereinfachung kann hier auf den reziproken (!) Volatilitätsindex VDAX-NEW zurückgegriffen werden (ISIN DE000A0DMX99, WKN A0DMX9):

$$\alpha_i = x_i \cdot V_{DAX}^{-1}$$

$$c_i = 1 - (x_i \cdot V_{DAX}^{-1}) \quad c_i \in (0,5;0,999) \quad x_i \in (0;1)$$

Bei zunehmender Gesamtmarktvolatilität erhöht sich das eigene Sensitivitätsniveau und damit der Value at Risk, wobei x_i die individuelle Gewichtung darstellt, die mit ‚0' deaktiviert werden könnte.

---

94   Eigene Darstellung in Anlehnung an Von Auer, L. (2006), S. 103.
95   Vgl. Alexander, C. (2009), S. 14.

Ein weiterer relevanter Aspekt im Rahmen der VaR-Betrachtung ist die Liquiditationszeit. Sie beschreibt die benötigte Dauer um das eigene Portfolio zu veräußern, ohne dabei die Marktpreise wesentlich zu beeinflussen. Im Rahmen dieses Projektes soll darauf geachtet werden, dass diese Dauer von einem Tag nicht überschritten wird, sodass die jederzeitige Liquidation des Portfolios erfolgen kann.

Bruner und Steiner merken an, dass sich das VaR-Modell ab a > 0,5 weder kohärent noch konvex verhält.[96] Dementsprechend wird der VaR-Ansatz bei steigender Volatilität zunehmend ungenau und eignet sich nicht zur statistischen Quantifizierung von überdurchschnittlichen Verlusten. Dafür wurden die Randrisikomaße eingeführt, das bekannteste ist der Conditional Value at Risk, dieser zeigt auf, mit welchem Verlust ein Investor zu rechnen hat, sofern der VaR überschritten wird.

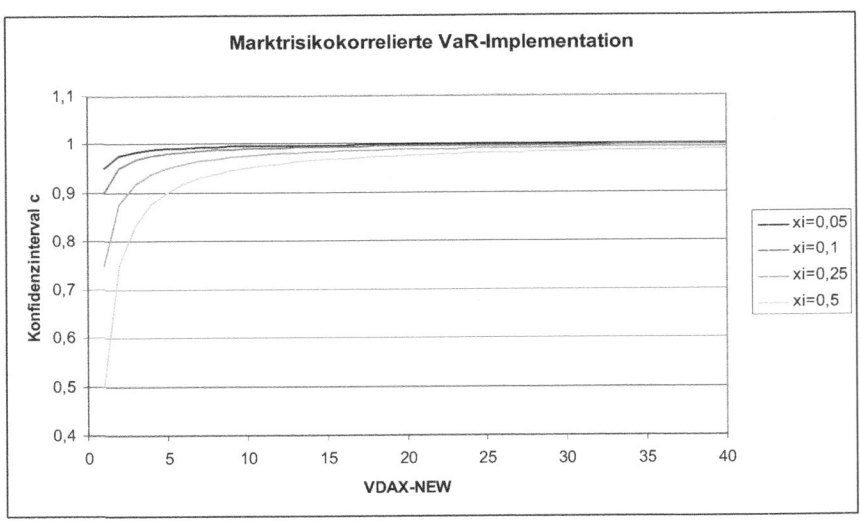

Abbildung 9:   Visualisierung eigene VaR-Kalkulation

2.3.2.2 RAROC

Der Vollständigkeit halber wurde das „Risk Adjusted Return on Capital" auch an dieser Stelle erwähnt, die spezifische Erläuterung findet sich allerdings im

---

96   Vgl. Bruns, C., Steiner, M. (2007), S. 76.

Hauptteil (Kapitel 5.1.2.1). Im Gegensatz zum VaR handelt es sich beim RA-ROC um ein risikobasiertes bzw. –adjustiertes Performancemaß.

2.3.3 Risikoaggregation

„Der Schritt Risikoaggregation ermöglicht es, den Gesamtrisikoumfang eines Unternehmens – auch ‚Risk Exposure' genannt – zu ermitteln."[97] Es wird das Zusammentreffen mehrerer Risikofaktoren beobachtet und gemessen, wie deren Einzelauswirkungen sich zu einem großen Ganzen akkumulieren. Eine wichtige Rolle in der Praxis spielt dabei die so genannte Monte-Carlo-Simulation. Bei der Monte-Carlo-Methode selbst handelt es sich um ein Näherungsverfahren für Integrale bei mehrdimensionalen Funktionen.[98] Die Anwendung der MCS auf Finanzmärkte wurde bereits von den Mathematikern Casarin und Trecroci durchgeführt. Diese Algorithmen dienen der Aggregation von Risiko-Wahrscheinlichkeitenverteilungen.

Das Verfahren hat seinen Ursprung in der Robotik. Hier wird es eingesetzt um unbestimmte Handlungssträngen an bestimmten Objekten trotz Unschärfe nachzuvollziehen.[99]

Auch die Entwicklung des übergreifenden Gesamtmarktes muss bei der Anlageentscheidung eine Rolle spielen.[100] Dementsprechend ist die Tendenz anhand von Indizes zu gewichten. Daraus ergibt sich die Handlungsdirektive, nur bedingt entgegen des allgemeinen Trends zu handeln. Sofern beispielsweise eine Kaufentscheidung für einen Einzelwert des Portfolios erfolgt, muss die damit verbundene Renditeerwartung bei sinkenden Marktindizes graduell adjustiert werden.

Abschließend sei noch angemerkt, dass der Terminus „Risikoaggregation" in der spezifischen Fachliteratur nicht einheitlich genutzt wird. So versteht Mankiw darunter das Grundrisiko, welches sich nicht durch Diversifikation kompensieren lässt. „Risiko, das alle Akteure einer Volkswirtschaft gleichzeitig betrifft".[101] Dementsprechend gibt es auch ein branchenspezifisches Risiko unter den Kapitalmarktteilnehmern.

2.3.4 Portfolio Insurance

„Zur Beseitigung des systematischen Risikos in Form rückläufiger Gesamtmarkt-entwicklungen [dienen] Portfolio Insurance Konzepte."[102] Die Versicherung des

---

97   Guserl, R. (2004), S. 165.
98   Vgl. Huckle, T., Schneider, S. (2002), S. 153.
99   Vgl. Isard, M. (i.J.).
100   Vgl. Perridon, L., Steiner, M., Rathgeber, A. (2009), S. 244.
101   Mankiw, N. (2004), S. 642.
102   Bruns, C., Steiner, M. (2007), S. 393.

Portfolios erfolgt dabei gegen am Gesamtmarkt auftretende Kursdifferenzen. Es wird aufgrund der Kapitalmarktdynamik unterschieden zwischen „upside participation" und „downside protection". Idee dabei ist, das eigene Kapitalmarktrisiko durch den partiellen Verzicht auf Gewinne zum Zwecke der Verlustvermeidung zu akzeptieren. So können im Rahmen des Hedging am Terminmarkt derivative Finanzprodukte erworben werden, die durch ihren geringen Kapitaleinsatz in der Lage sind, eine abwärtsgerichtete Kursbewegung des Basiswertes auszugleichen. „Hedging in its broadest sense means the reduction of risk by exploiting relationships or correlation between various risky investments".[103] Theoretisches Fundament liefert die Optionspreistheorie von Black&Scholes, demnach es – unter hypothetischem Ausschluss von Transaktionskosten – möglich wäre, ein Portfolio zu 100% gegen Kursverluste abzusichern.[104]

Darüber hinaus weist der Autor darauf hin, dass bestimmte Gesamtmarktrisiken von den Ökonomen Black und Scholes nicht berücksichtigt wurden, fällt beispielsweise eine Emittentin am Terminmarkt aus – so wie 2008 im Rahmen der sog. „Finanzkrise" geschehen – führt dies zu unabschätzbaren Asymmetrien der beteiligten Portfolios.

Im Rahmen dieser Ausarbeitung werden die statischen Insurance-Strategien berücksichtigt.

2.3.4.1 Stop-Loss

Die Stop-Loss-Strategie ist die simpelste und daher auch meist genutzte Portfolio Insurance Strategie. Dabei wird sichergestellt, dass der Wert eines Portfolios eine zuvor definierte Untergrenze (Floor) nicht unterschreitet. Die Berechnung erfolgt:[105]

$$\text{Portfoliowert}_t \ = \ \text{Floor} \ (\ 1 + \text{risikofreier Zins})^{\text{Restlaufzeit}}$$

Dabei wird der Portfoliowert bei Verlust eines Einzelwertes durch den Verkauf abgesichert.[106]

Bei der abschließenden, kritischen Betrachtung ist anzumerken, dass Abhängigkeiten zu zugrunde liegenden Basiswerten (Pfadabhängigkeiten) ausgeschlossen werden müssten, dies in der Praxis allerdings nur bedingt möglich ist. Ein Ansatz hierfür ist die dynamische Stop-Loss-Strategie, bei der entlang der statisch-symmetrischen Renditeverteilung eines Portfolios mehrere Stopkurse berücksichtigt werden.

103   Wilmott, P. (2007), S. 194.
104   Vgl. Baxter, M., Rennie, A. (1996), S. 84f.
105   Vgl. Bruns, C., Steiner, M. (2007), S. 397.
106   Pilz, G. (2007), S. 48.

Nicht zuletzt liegt auch im systematischen Hedging ein systembedingtes Risiko, denn je mehr Kapital an automatisch gehandelten Stop-Loss-Kursen hängt, desto akkumulativer deren Kursverfall bei Abwärtstrend des Marktes. Bruns und Steiner drücken diese Problematik praxisorientiert aus: „Probleme können bei größeren Kurssprüngen auftreten, wie sie bei Börsen-Crashs typisch sind, da dann ein nicht zielkonformes Unterschreiten des festgelegten Floors folgen [kann]".[107]

2.3.4.2 Beta-Hedging

Eine einzelwertübergreifende Möglichkeit zur Portfolioabsicherung besteht in der Orientierung eines Gesamtmarktes via Index. „Indexoptionsscheine verbriefen in Form von Sammelurkunden das Recht auf die Zahlung des Differenzbetrages zwischen dem Indexstand im Ausübungszeitpunkt und dem bei der Emission festgelegten Basisindexstand."[108]

Dies kommt unter folgenden drei Bedingungen bzw. Umständen in Frage:
1.   Das Portfolio besteht primär aus Werten dieses Index (ggf. Tracking-Error)
2.   Die Transaktionskosten für viele einzelne Werte wären zu hoch
3.   Es gibt keine Optionen für den konkreten Einzelwert

Beim Beta-Hedging wird mit „Index-Puts" gearbeitet, die sowohl einen klassischen Index (bspw. DAX) oder aber eine Branche abdecken. Die Verkaufsoptionen partizipieren an Kursverlusten des zugrunde liegenden Basiswertes, also der Indizes – und kompensieren damit die einhergehenden Kursverluste des eigenen Portfolios.

2.3.4.3 Protective Put

Wie beim Beta-Hedging lässt sich die Protective-Put-Strategie (zu dt. etwa „Schutzverkauf-Strategie") mit Verkaufsoptionen (Long Puts) umsetzen.[109] Dabei wird ein zu erhaltener Portfoliomindestwert (bestehend aus Basiswerten, z.B. Aktien) durch den parallelen Einsatz von Derivaten abgesichert. Der wesentliche Unterschied zum Beta-Hedging liegt in der Gesamtzahl der Optionen – der Protective Put sichert jeden Basiswert separat ab. Je höher dabei der abgesicherte Mindestwert, desto teurer der Kapitaleinsatz für die Verkaufsoptionen und um so

---

107   Bruns, C., Steiner, M. (2007), S. 397.
108   Bruns, C., Steiner, M. (2007), S. 425.
109   Zur Einführung in die Optionspreis-Finanzmathematik empfiehlt sich Tietze, J. (2011).

geringer die zu realisierende Rendite. Das zugrunde liegende Prinzip beruht auf der Wertsteigerung des derivativen Optionspreises bei Kursverlust des Basiswertes, sodass sich Derivat und Basiswert konträr entwickeln. Da beim Derivat allerdings nur ein Recht auf einen Basiswert und nicht der Basiswert selbst gehandelt wird, ist der Kapitaleinsatz minimal (sog. „Hebeleffekt") und ermöglicht die finanzielle Absicherung („Hedging") des eigenen Portfolios.[110]

Der zu entwickelnde Prototyp wird nur kurze Investitionszeiträume berücksichtigen, sodass die „Rolling Hedge"-Problematik beim Verlängern der auslaufenden Kontrakte entfällt.[111]

Ein Hedging via Derivaten erfordert, trotz der Standardisierung der Optionsmärkte, aufgrund der Positionslimite einen nach Abwägung des Autors zu hohen Implementierungsaufwand, zumindest bei tendenziell geringen Positionsvolumina.[112] (Der Umfang der Optionsspreistheorie inkl. dessen Parametern Basiswert, Basispreis, Volatilität, Laufzeit, risikolosem Zinssatz und Volumenkongruenz überragt den vorgegebenen Zeitrahmen).[113]

2.4 Softwaretechnische Grundlagen

2.4.1 .NET-Framework

Technisch gesehen ist das .NET-Framework eine von Microsoft voran getriebene Konsolidierung aus dem von C++ genutzten MFC-Libraries und der von VB6.0 genutzten MSVBCM60.dll. Es beschreibt eine Runtime Environment auf Anwendungsebene, ähnlich der Java Runtime Environment. Darüber hinaus wird eine einheitliche IDE (Visual Studio) inkl. SDK bereitgestellt.[114] .NET ist genau wie Java objektorientiert, wurde allerdings später als Java entwickelt und erhält deshalb viele der zuvor etablierten Erfolgskonzepte, dazu gehört auch die Garbage Collection.

Die .NET zugrunde liegende MSIL (CIL) lässt sich darüber hinaus – anders als der Java Bytecode – über mehrere Entwicklungssprachen ansteuern. Dazu gehören C#, Visual Basic, J#, Perl.NET und Python.NET.

Dieses Projekt wird mit Microsoft.NET entwickelt, da es in Kooperation mit dem SQLServer im Gegensatz zu Java/Oracle eine schnellere Integrationsmöglichkeit bietet. Aus Performancesicht wäre die Implementierung in C/C++ wünschenswert gewesen, hier allerdings sei angemerkt, dass laufzeitoptimierte

---

110 Vgl. Becker, P. (2008), S. 272f.
111 Vgl. Bruns, C., Steiner, M. (2007), S. 399.
112 Vgl. Becker, P. (2008), S. 244.
113 Vgl. Bruns, C., Steiner, M. (2007), S. 400f.
114 Vgl. Dröge, R., Nowak, P., Weber, T. (2006), S. 64.

C#.NET-Anwendungen auf Windows basierten Systemen relativ geringe Leistungsunterschiede haben (Stichwort: Software-Profiling) und der Fokus beim Prototyping auf schneller Entwicklung liegt.

2.4.2 Handelssysteme (halb-/vollautomatisiert)

Handelssysteme beschreiben die computergestützte Ausführung von Kapitalmarkt-Orders. Halbautomatisierte Handelssysteme binden im Gegensatz zu den Vollautomatisierten den Wertpapierhändler bzw. Portfoliomanager in letzter Instanz stets mit ein, sodass dieser sich zwar die Kapitalmarktanalyse im Vorfeld spart, doch stets die letztendliche Entscheidung über Kauf- und Verkauf selbst trifft. Dies hilft bei der Komplexitätsreduktion. Denn systemtheoretische Grundlagen definieren: „Zwischen Systemen und Umwelt besteht notwendigerweise ein Komplexitätsgefälle, die Grenze markiert die Differenz. Die Systemleistung, der Nutzen der Systembildung, ist abstrakt gesprochen die Reduktion von Umweltkomplexität; durch Reduktion wird Orientierung in einer komplexen Umwelt möglich."[115] Dies gilt analog für (teil-)automatisierte Handelssysteme – ein abstrahiertes Modell trifft Entscheidungen auf Basis reduzierten Informationsgehaltes.

Dementsprechend muss durch Auswahl ein Modell kreiert werden, welches in der Lage ist, Kapitalmarktpositionen selbständig zu verwalten. Dazu bedarf es einer duplizierbaren Logik.[116] Ebendiese mathematisch definierte Handlungsgrundlage versetzt die Software in die Lage, eine Portfolioallokation selbständig und wiederholt durchzuführen.

Grundsätzlich beschränkt sich das Maß der Autarkie eines Handelssystems am Grad der Steuerung durch den Kapitalmarktakteur. Je granularer und gezielter dieser die Handlungen der Software definieren möchte, desto komplexer und aufwändiger wird die Implementierung.

Erhöhte Relevanz für automatisierte Handelssysteme hat das Verhalten der Software im Fehlerfall. Die Berücksichtigung unvorhergesehener Situationen und Zustände ist essentieller Bestandteil und wesentlich verantwortlich für den Grad des Risikos. Hier gilt es, die wesentlichen Szenarien zu antizipieren und ggf. schützende Maßnahmen zu ergreifen. Dazu zählen beispielsweise ausfallminimierende Serverroutinen.

---

115   Steinmann, H., Schreyögg, G. (2005), S. 140.
116   Vgl. Voigt, M. (2010), S. 558.

Bedingungen für ein Handelssystem:

- Definierbare Entscheidungsgrundlage (Algorithmik)
- Individualisierte Konfiguration
- Zeitliche Unabhängigkeit
- Exakte Performancekalkulation
- Ausgeprägtes Fehlerverhalten (Fehlertoleranz)

In der Praxis etablierte Handelssysteme inkl. Entwicklungsumgebung sind unter anderem Investox, MetaTrader, Ninja Trader, ProRealtime, TradeSignal und Tradestation. In den jeweiligen spezifischen Entwicklungsumgebungen finden sich entweder Excelgestützte „VBA-Anwendungen" oder proprietäre Deskriptionssprachen.

2.4.3 Externe Schnittstellen (Finanzdienstleister)

2.4.3.1 Datenprovider

Für jegliche Handlungen an den Finanzmärkten ist eine Zustandskenntnis der aktuellen Marktlage erforderlich. Während zeitverzögerte Finanzdaten auf den gängigen Plattformen kostenlos analysiert werden können, benötigt es zum professionellen und zeitnahen Handel Realtime-Daten (RTD). Diese können bei speziellen Finanzmarktdatenprovidern gegen Entgelt erworben werden, zumeist im Abonnement. Allerdings ist für die Entwicklung eines automatisierten Handelssystemes die Kompatibilität zwischen Provider und Software sicherzustellen. Hierfür wird eine steuerbare Schnittstelle benötigt, deren Anbindung und Umfang möglichst präzise zu konfigurieren ist. Weitere Kernpunkte bei der Auswahl des Schnittstellenpartners sind Geschwindigkeit (Antwortzeitverhalten, Latenz) sowie das zu implementierende Format, in welchem die Daten übertragen werden.

Die DV-technische Implementierung der Schnittstellen (Interfaces) erfolgt auf Basis unterschiedlicher Technologien. Die gängigen Standards davon sind:

- Java-API
- C++ API
- XML
- Excel-Export / CSV
- CTCI-Gateway (Interactive Brokers)

Vor diesem Aspekt ist es erstaunlich, dass unter den etablierten Providern keine serviceorientierten Schnittstellen zu finden sind, da eine derartige Implementierung unter Berücksichtigung von Technologien wie HTTPS eine hinreichende

Sicherheitsarchitektur zur Authentifizierung der Benutzer darstellt und darüber hinaus eine effiziente, weil schnellere Software-Integration ermöglicht. (Diese modulare Alternative würde sich insbesondere im Privatkundensegment eignen, da ein RTD-Push-Feed mit Webservices nicht möglich wäre.)

2.4.3.2 Brokerage

Nicht nur der Bezug der Finanzmarktdaten, sondern auch das Brokerage – also die Ausführung der Order – muss automatisiert werden. Hierbei ist im engeren Sinne die Entgegennahme, das Routing und Verwaltung der eigenen Handelsorder gegenüber einem oder mehreren Börsensystemen[117] zu nennen. Der Broker stellt dementsprechend parallel zum Datenprovider eine Schnittstelle zwischen eigener Software und externer Handelsplattform dar.

Broker und Datenprovider können – müssen aber nicht – identisch sein. Nicht jeder Broker bietet RTD inkl. standardisierter Programmschnittstellen (APIs) und nicht jeder Finanzdienstleister bietet zugleich auch die Möglichkeit des Kapitalmarktzuganges.

---

117   Professionelle Onlinebroker routen die Order gesplittet zu mehreren Handelsplätzen gleichzeitig.

3 Funktionsumfang der Software

Dieses Kapitel beschreibt die Realisierung des Software-Prototyps und ist somit zentraler Gegenstand dieser Ausarbeitung. Um den Funktionsablauf zu verdeutlichen, wurde nachfolgend der Prozessablauf zusammengefasst dargestellt:

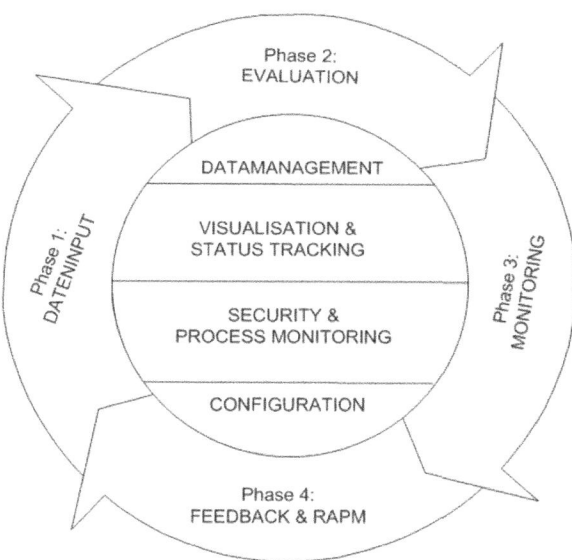

Abbildung 10: Visualisierung der Funktionsweise des Prototyps

Während der **ersten Phase** des Ablaufes werden die Datenanbindung, -Auswertung und -Persistierung realisiert. Hierzu zählen Schnittstellenimplementierung und Datenbankintegration.

Die **zweite Phase** beschreibt den Prozessabschnitt der Evaluation, hierbei werden die zuvor empfangenen Daten ausgewertet und bewertet. Ziel ist eine

Entscheidung für oder gegen einen Kauf des jeweiligen Wertes, unter Berücksichtigung der zugrunde liegenden Risikolage anhand der oben vorgestellten
Risikomaße. Grundsätzlich lässt sich daher die zweite Phase des Prozesses wie
folgt zusammenfassen:

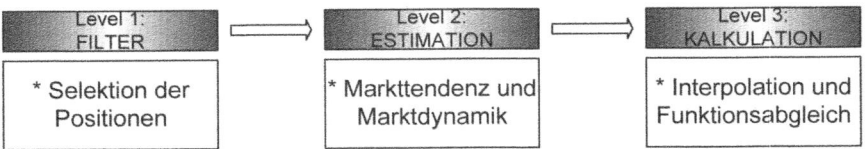

Abbildung 11: Level der Asset-Evaluationsphase[118]

Level 1 übernimmt die selektive Ausdünnung des enormen Datenstromes des
beobachteten Kapitalmarktes. Dabei wird zunächst eine Whitelist eingeführt,
sodass der Benutzer Einzelwerte ausschließen kann, die er – aus welchen Grün-
den auch immer – kategorisch meiden möchte und somit nur die gewünschten
sieht. Darüber hinaus können automatisierte Filterkriterien definiert werden.
Diese beziehen sich auf Fundamentaldaten wie beispielsweise den Aktienkurs,
das Volumen, anderen Kennzahlen zum Wert oder mathematischer Funktionen
(z.B.: Moving Average oder Oszillatoren) all dieser. Ziel des ersten Levels ist die
Reduktion der Datenmenge auf ein analysierbares Maß.

Level 2 reduziert die zuvor selektierten Daten nach qualitativen Aspekten.
Dabei werden Markttendenz und Marktdynamik betrachtet. Auch hier kann der
Benutzer auswählen, welche Parameter er aktivieren möchte. Unter „qualitativen
Parametern" sind dabei Rechenansätze zu verstehen, die über eine simple Selektion (Level 1) hinaus reichen. Dazu gehören Kennzahlen, die eine erweiterte
Auswertung benötigen, wie beispielsweise relative Vergleichskennzahlen (RSI)
oder auch die Analyse des Orderbuches auf Put-Call-Ratio und Markttiefe. Erst
mit Abschluss dieses Levels ist ein gewisses „Kurspotenzial" sichergestellt, was
allerdings noch nicht dessen Eintritt wahrscheinlich macht und noch keine Aussage über die Rentabilität liefert.

Level 3 ist der rechenintensivste Level und erfolgt daher zuletzt bei einer
zuvor stark reduzierten Wertemenge. Es wird eine Berechnung dieser Wertemenge durchgeführt, um Aussagen über einen potenziellen Funktionsverlauf
inkl. Standardabweichen bzw. Fehlermaß zu kalkulieren. Mit „Interpolation und
Funktionsabgleich" ist eine Wertfortführung (Extrapolation) gemeint. Dadurch
ergibt sich – in Analogie zur Berechnung des VaR – ein gegebenes Kursniveau

---

118   Der Terminus „Level" soll die spezifizierende Unterteilung der Phase 2 des Prozesses verdeut-
      lichen.

mit spezifischer Eintrittswahrscheinlichkeit. Der Benutzer kann im Strategie-Modul definieren, wie hoch sein angestrebtes relatives Kursniveau (in Prozent) sein soll und damit seine Rendite (und sein Risiko) quantifizieren. Dementsprechend wird am Ende des dritten Levels eine Kaufentscheidung getroffen oder der Einzelwert verworfen.

Im Anschluss an die Evaluation erfolgt die **dritte Phase** „Monitoring". Hier werden die zuvor erfolgten Kaufentscheidungen und damit eingegangenen Risiken überwacht und gesteuert. Überwachung meint die Marktbeobachtung von Kennzahlen wie Volatilität und Steuerung definiert die Handlungsspielräume bei Überschreiten von Risikoschwellen. Konkret bedeutet dies unter anderem das „Nachziehen von Stops" zur Verlustbeschränkung und die Liquidation des Portfolios bei Grenzwerten der Kurs-Varianzen. Darüber hinaus erfolgt eine Beobachtung der Veränderungen der Marktdynamik. Dies umfasst insbesondere alle Anomalien und signifikante Abweichungen vom konventionellen Handelsverlauf (z.B. durch stark gestiegene Ordervolumina o.ä.). Am Ende der Phase 3 erfolgt der Verkauf unter den zuvor vom Benutzer definierten Einstellungen zur Haltedauer und Ausstiegskriterien.

Phase Vier: Diese den Gesamtzyklus vervollständigende Phase ist der Teilprozess „Feedback", welcher wiederum die Auswertung der Investitionsoptionen – und Einstellungen bedeutet. Hierzu zählen beispielsweise Maßzahlen über die (risikoadjustierte) Performance, die erreicht wurde. Oder auch die Liquidationsdauer bei Positionsauflösung (sofern das Volumen so groß geworden ist, dass Marketorder in Tranchen platziert werden müssen). Ziel der vierten Phase ist die sukzessive Verbesserung der Datenbasis, aufgrund derer Entscheidungen getroffen werden. Darüber hinaus wäre es ein interessanter Ansatz, den Zeitpunkt des Ausstieges (t_1) durch nachgelagerte Beobachtung zu adjustieren. Ermöglicht werden könnte dies durch Berechnung des lokalen Maximums der Kursentwicklung (im umliegenden Intervall von z.B. 30 Minuten) und anschließender Ermittlung der anliegenden Standardabweichung. Bei überdurchschnittlich hoher, positiver Standardabweichung wurde „zu spät" verkauft und vice versa. Dieser Ansatz kann zwar keinen Determinismus zur exakten Benennung des optimalen t_1 hervorbringen, doch gibt dieser eine Rückmeldung über die angenäherte, zeitliche Qualität und ermöglicht so eine Sensitivierung der angelegten Parametrisierung. Aber auch ohne Standardabweichung kann eine Feedback-Kennzahl wie „Durchschnittliche Distanz zum optimalen Verkaufszeitpunkt" einen Handlungsbedarf signalisieren. Im Rahmen der Feedback-Phase erfolgt zudem eine abschließende Bilanzierung der zuvor eingegangenen Positionen und die Ausweisung der Nettorendite (variable Ordergebühren können nur ex post beziffert werden).

3.1 Datenanalyse

Folgende Daten werden von der Deutschen Börse AG in XETRA bereitgestellt:

NAME	TYP	BESCHREIBUNG
ID	DOUBLE	Identifier des Ticks (unique)
EXCHANGE	CHAR(3)	Trading-Segment (Enum)
DATE	DATE	Handelsdatum [TT.MM.JJJJ]
TIMESTAMP	TIMESTAMP	Handelszeitpunkt [TT.MM.JJJJ hh:mm]
HSEC	INTEGER	Hundertstelsekunden seit Gültigkeit dieses Ticks
WKN	CHAR(6)	Wertpapierkennnummer (Deutschland)
ISIN	CHAR(12)	International Securities Identification Number
INSTRUMENT_NAME	VARCHAR(50)	Name des Anlageinstrumentes
PRICE	FLOAT	Aktueller Kurs
TRADED_UNITS	FLOAT	Umgesetztes Volumen

Tabelle 1: XETRA-Interface Datenfelder[119]

Zum etwas ungewöhnlichen Feld „HSEC" sei angemerkt, dass es sich hierbei um eine unkonventionelle Erweiterung des Feldes „TIMESTAMP" handelt. Addiert man HSEC um den Faktor 10, so ist dies der konkrete Handelszeitpunkt in Millisekunden. (Durch diese Implementierung spart sich die Deutsche Börse AG eine Stelle im Feld.) Sämtliche dieser übertragenen Daten werden zudem persistiert, sodass ein späterer Zugriff darauf möglich ist. Aufgrund der hohen Redundanzen (siehe WKN, ISIN und Name) werden die Daten zur Speicherung normalisiert und in das eigene DBMS überführt.

3.1.1 Datainterface

Zu Beginn muss eine Verbindung mit dem jeweiligen Application Programming Interface (API) des jeweiligen Brokers hergestellt werden. Dies ist in diesem Fall Interactive Brokers, sodass sich die nachfolgenden Beschreibungen der API mitunter programmspezifisch sind. Die API von IB operiert auf Basis der Tradingsoftware „Trader Workstation", nachfolgend TWS genannt. Basiseinstellung und Login zur TWS:

---

119   Vgl. Deutsche Börse (o.J. a).

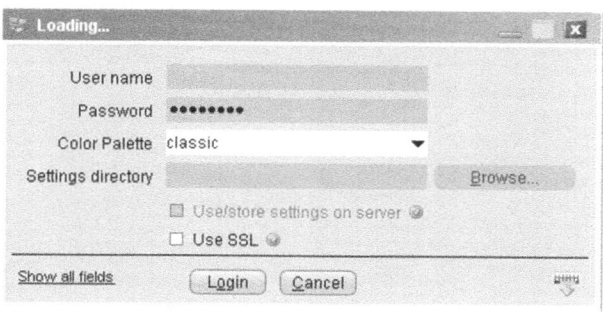

Abbildung 12: Trader Workstation Login Setting

Die Basisoberfläche der TWS:

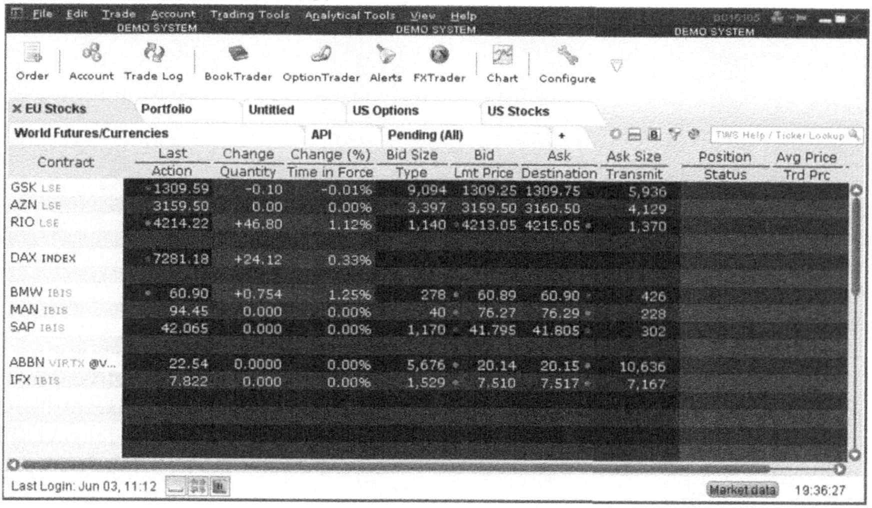

Abbildung 13: Interactive Broker Trader Workstation GUI

Es ist anzumerken, dass die TWS über umfangreiche Libraries zum Einbinden externer Applikationen verfügt, sodass im Rahmen dieses Projektes die Anbindung per ActiveX-API realisiert wurde. Die dafür benötigten Einstellungen können in der TWS vorgenommen werden und ermöglichen eine Verbindung zum Client:

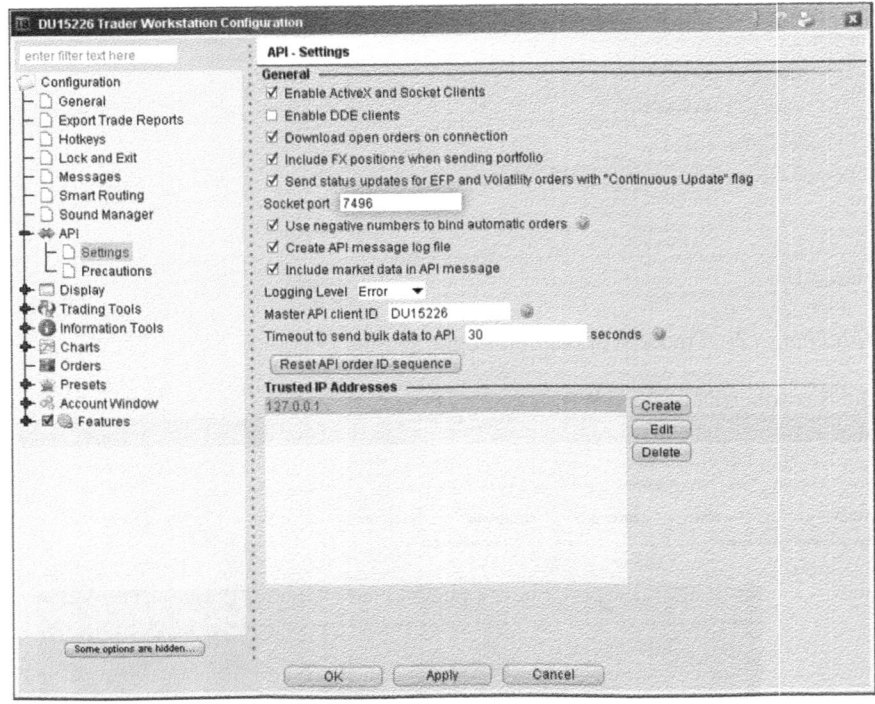

Abbildung 14:   Trader Workstation API-Einstellungen

Für eine Anbindung der Interop-API ist die Einstellung „Enable ActiveX and Socket Clients" relevant. Darüber hinaus muss noch ein eindeutiger Bezeichner des Clients festgelegt werden. Die Einstellung „127.0.0.1" im Feld „Trusted IP Addresses" bewirkt, dass eingehende API-Verbindungen, die vom lokalen System ausgehen, nicht explizit durch einen Anwender manuell bestätigt werden müssen. Die Einstellung „Socket Port" erlaubt die Definition von eigenen Ports für eingehende TCP-Socket-Kommunikation.

Beim Empfangen historischer Daten (beispielsweise für das Anfertigen von Chartbildern) und einer ggf. durchsatzschwächeren Internetverbindung ist die Berücksichtigung des Timeouts wichtig, hier ist auf einen ausreichend hohen Wert zu achten.

Die Einbindung der ActiveX-API erfolgt über die Integration der OCX-Komponente „Tws.ocx". Hierbei handelt es sich um ein so genanntes „OLE custom control", also einem speziellen Steuerelement des „Object Linking and Embedding"-Protokolls. Dies ist eine ActiveX-spezifische Implementierung auf

Basis der Windows Dynamic Link Libraries (DLL). Ist diese Einbindung des OCX-Elementes erfolgt, kann auf den zugrunde liegenden Namespaces „AxTWSLib" zugegriffen werden:

```
using AxTWSLib;
```

Anschließend wird das API-Objekt erzeugt und bereitgestellt:

```
this.myAPI = new AxTWSLib.AxTws(); // Deklarierung
this.myAPI.Name = "myAPI"; // API-Objekt Initialisierung
this.myAPI.OcxState=((System.Windows.Forms.AxHost.State)
(resources.GetObject("myAPI.OcxState"))); // Ressourcenzuweisung
(Link)
```

Es besteht nun die Möglichkeit, eine Verbindung zur TWS herzustellen:

```
myAPI.connect(host, port, clientID);
```

Parallel dazu wurde in enormen Umfang Fehlerbehandlung und Log-Funktionalität implementiert, dies sei an dieser Stelle allerdings nur ergänzend erwähnt. Nachdem Client und TWS kommunizieren können, lassen sich erste Daten abfragen:

```
myAPI.reqMktData(id, symbol, "STK", "", 0, "", "", "SMART", "NYSE",
"USD", "", 0);
```

Die Architektur der Kommunikation ist pushbasiert, demnach werden neu eintreffende Marktdaten nicht explizit abgefragt, sondern per EventHandler entgegen genommen:

```
this.myAPI.tickPrice+=new
AxTWSLib._DTwsEvents_tickPriceEventHandler(this.myAPI_tickPrice);
```

Die Implementierung des Events „myAPI_tickPrice" gestaltet sich wie folgt:

```
void myAPI_tickPrice(object sender,
AxTWSLib._DTwsEvents_tickPriceEvent e)
```

Der Eventparameter „e" enthält die Attribute „id", „price" und „tickType", wobei letzterer wiederum eine Ganzzahl enthält, die für Ask, Bid, High, Low oder Close steht. Diese Werte geben den Typ des aktuellen Preises der Marktdaten an. Analog zu den Preisdaten lassen sich die Daten zur Markttiefe, Volumendaten per Event „tickSize" abfragen, hier sind „Asksize", „Bidsize", „Lastsize" und „Volumen" verfügbar. Die so über die Schnittstelle transportierten Daten werden wie folgt übermittelt:

```
[I]  ID=1  |  String=1306914556  |  TickType=45      // SYNC-Timestamp
[P]  ID=1  |  Price=30,57  |  TickType=4
[S]  ID=1  |  Size=1  |  TickType=5
[S]  ID=1  |  Size=1  |  TickType=5
[P]  ID=1  |  Price=30,56  |  TickType=1
[S]  ID=1  |  Size=609  |  TickType=0
[P]  ID=1  |  Price=30,57  |  TickType=2
[S]  ID=1  |  Size=368  |  TickType=3
[S]  ID=1  |  Size=609  |  TickType=0
[S]  ID=1  |  Size=368  |  TickType=3
[S]  ID=1  |  Size=596  |  TickType=0
[S]  ID=1  |  Size=392  |  TickType=3
```

Die ID identifiziert die jeweilige Position (hier: Aktie), der TickType bestimmt,
welche Art von Kursnotation hier ermittelt wurde und Price/Size bestimmen die
Menge bzw. den Preis des aktuellen Vorganges. Werden diese so enthaltenen
Daten in einem DataTable gespeichert und per DataGridView visualisiert, ist das
Ergebnis wie folgt:

ID	SYMB	NAME	ASK	BID	ASKsize	BIDsize	LASTsize	VOLume	ID	Price	Size
0	MMM	3M	97.08	97.07	4	15	1	7415	0	97.08	4
1	AA	Alcoa	11.71	11.7	1	552	2	85054	1	97.09	13
2	AXP	American Express	51.6	51.59	26	26	2	19610	4	97.12	10
3	T	AT&T	30.95	30.94	373	564	1	0	5	97.55	1
4	BAC	Bank of America	14.27	14.26	1481	1821	1	163443			
5	BA	Boeing	75.81	75.8	8	6	1	4484			
6	CAT	Caterpillar	91.52	91.5	7	9	1	6430			
7	CVX	Chevron Corporation	117.58	117.57	4	9	1	6233			
8	CSCO	Cisco Systems	13.89	13.88	766	1833	1	4875			
9	KO	Coca-Cola	68.73	68.72	2	12	1	6567			
10	DD	DuPont	51.19	51.17	13	18	3	3731			
11	XOM	ExxonMobil	84.27	84.26	23	21	1	10330			
12	GE	General Electric	16.42	16.4	758	494	1	33967			
13	HPO	Hewlett-Packard	40.54	40.53	372	278	5	11598			
14	HD	The Home Depot	36.18	36.17	75	107	0	12273			
15	INTC	Intel	25.15	25.14	1184	687	1	13009			
16	IBM	IBM	177.47	176.56	22	21	0	4093	0	97.07	15
17	JNJ	Johnson & Johnson	68.24	68.23	27	60	1	15897	1	97.05	9
18	JPM	JPMorgan Chase	46.39	46.38	165	213	1	15649	2	96.96	1
19	KFT	Kraft Foods	27.34	27.32	259	94	0	1182	4	96.68	1
20	MCD	McDonald's	82.95	82.94	18	20	0	6665	5	96.14	8
21	MRK	Merck	36.61	36.6	138	173	2	10265			
22	MSFT	Microsoft	25.45	25.44	298	402	2	0			
23	PFE	Pfizer	18.81	18.8	726	306	2	48567			
24	PG	Procter & Gamble	66.36	66.35	44	82	1	10925			
25	TRV	Travelers	65.45	65.44	12	13	1	7469			
26	UTX	United Technologies Corp	69.31	69.23	26	33	1	10604			
27	VZ	Verizon Communications	35.8	35.79	152	74	1	0			
28	WMT	Wal-Mart	56.64	56.63	34	51	1	3042			
29	DIS	Walt Disney	41.11	41.1	33	81	1	21196			

Abbildung 15:   Implementierung Dateninterface inkl. Orderbuch

Hierbei handelt es sich um die 30 US-Werte des Dow Jones Industrial Average
(DJIA), Security-Type „Stock" (Anlageklasse Aktie). Auf der rechten Seite des
Screenshots befinden sich auch die Daten zum Orderbuch. An dieser Stelle wurde nur das erste Orderbuch (ID=0) dargestellt. Zudem ist der Orderbuchzugriff je
nach Kontotyp bzw. Abonnement unterschiedlich reglementiert und limitiert. (Es
besteht beispielsweise auch an deutschen Börsen die Möglichkeit zur Bestellung
so genannter Level2-Marktdaten, welche eine höhere Detailtiefe aufweisen).

Die konkreten Anpassungen zur Schnittstelle des externen Datenprovider erfolgen auf Basis der zuvor eingeführten Grundlagen. Bei der Push-Architektur ist zu berücksichtigen, dass ausreichend Spielraum zur „Sortierung" der eintreffenden Marktdaten vorhanden ist, ansonsten besteht die Gefahr, dass sich Events im Protocol Stack der CLR anhäufen und unbearbeitet bleiben bzw. einen Speicherüberlauf erzeugen.

3.1.2 Ermittlung von Kennziffern

Zur Beurteilung der eingehenden Realtime-Daten werden Kennziffern abgeleitet. Hierbei handelt es sich um die bereits vorgestellten Werte „gleitender Durchschnitt" und „Momentum". Grundsätzlich wichtig für die eingesetzten Kennziffern ist ihre Vergleichbarkeit. Da die Preise in absoluten Werten übermittelt werden, muss eine Datenbasis geschaffen werden, die es erlaubt, diese Werte in Relation zu betrachten. Diese Funktion übernimmt das Momentum, in dem es eine relative Bezugsgröße liefert und sich somit über sämtliche Assets hinweg vergleichen lässt.

Die Berechnung des Momentums (Basiswert):

```
public static float calcMomentum(float a, float b)
{
    return a - b;
}
```

Wird das Momentum für Intradaydaten dargestellt, ergibt sich folgendes Diagramm:

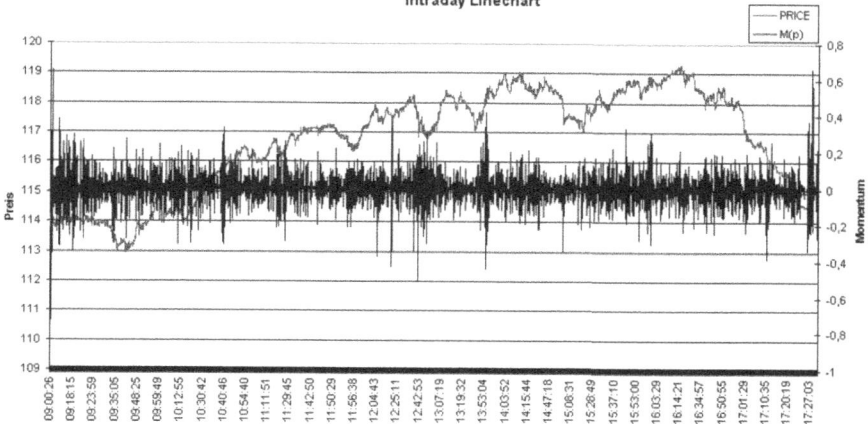

Abbildung 16: Momentum als Intraday-Linechart

Es wird ersichtlich, dass die Momentumswerte stark oszillieren, dementsprechend
werden die Werte gemittelt und als gleitender Durchschnitt gespeichert. Beispiel-
haft sei an dieser Stelle die Implementierung des Algorithmuses zur Berechnung
des gleitenden Durchschnittes vollständig dargestellt und kurz erläutert:

```
public static void addNextMA(ref List<float> values,ref List<float>
saveMA,int anzahl)
        {
        if (values.Count > 0 && anzahl > 0)
        {
            float sum = 0;
            if (values.Count > anzahl)
                for (int i = values.Count-anzahl; i <
values.Count; i++)
                    sum += values[i];

            if ((sum / anzahl) != 0)
                saveMA.Add(sum / anzahl);
        }
        }
```

Die Übergabeparameter „values" und „saveMA" sind Referenzen auf die zugrunde liegenden Collections des Datentyps float. Referenzen in .NET sind vergleichbar mit Pointern in C, sodass hier ein performanter Direktspeicherzugriff
erfolgt, anstatt dass die Collections selbst übergeben werden. Parameter „anzahl"
gibt die Anzahl der Array-Positionen an, wie weit der gleitende Durchschnitt
zurück berechnet werden soll. Nach einer initialen Wertprüfung der Übergabeparameter (Zeile 3) folgt in Zeile 7 die Schleifendeklaration, welche in Zeile 8 die
einzelnen Werte der Collection aufaddiert. Zählvariable ist „i" und iteriert dabei
von den letzten n Werten bis zum letzten Element. Abschließend wird diese
Summe in Zeile 11 durch die Anzahl der Iterationen geteilt (=Mittelwert) und
der MovingAverage-Collection hinzugefügt.

Das Moving Average lässt sich sowohl auf die Preiswerte, als auch auf
Momentum usw. anwenden. Mit Hilfe des MA werden die stark oszillierenden
Graphen geglättet (Abbildung 17).

Hierbei handelt es sich um einen GD(20), welcher die letzten 20 Werte zur
Berechnung des gleitenden Durchschnittes heranzieht.

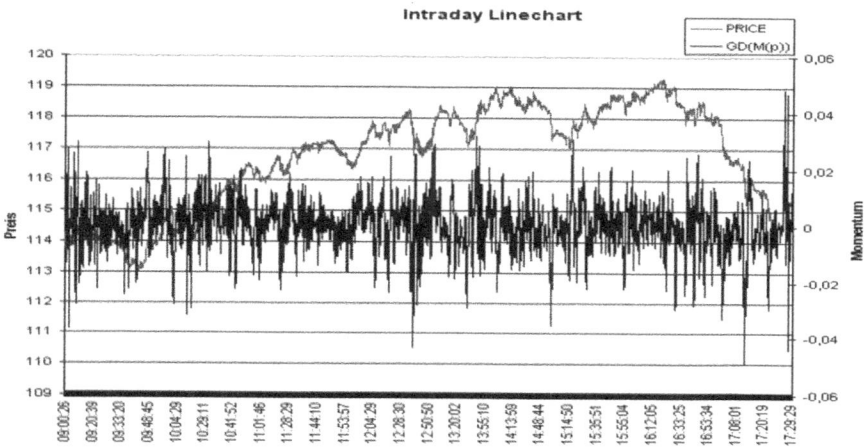

Abbildung 17: Momentum-Moving Average (Intraday Linechart)

Diese (grafische) Auswertung mag nun nützlich erscheinen, ist allerdings noch wenig aussagekräftig. Dazu müssen die Werte gefiltert und mit einer Interpretation verknüpft werden. Angelegtes Ziel ist die Identifizierung von aktuellen Preisextrema, dazu muss der gleitende Durchschnitt auf herausragende Positiv- und Negativwerte reduziert werden. Dies geschieht mithilfe von zuvor definierten Ober- und Untergrenzen:

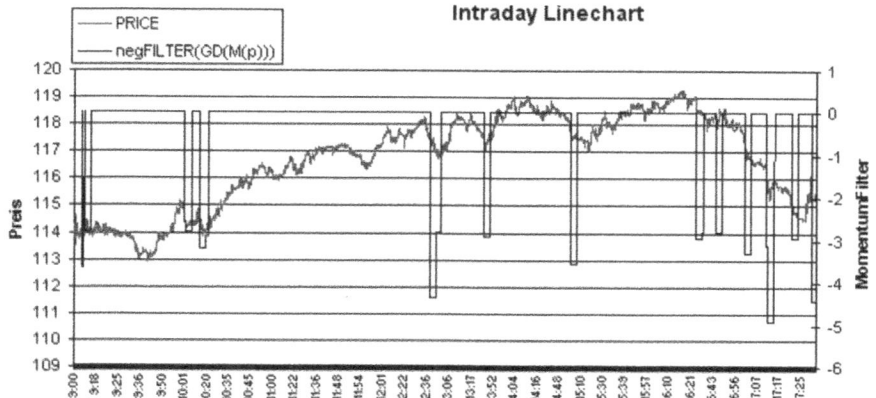

Abbildung 18: Negativ-Filter Momentum (Linechart)

Werden nur die Werte [GD(M(preis))*100] < -2,5 betrachtet, so können die wichtigsten kurzfristigen (negativen) Kursveränderungen des Handelstages isoliert werden. Der angelegte Wert (-2,5) muss konfigurierbar implementiert werden und richtet sich nach der durchschnittlichen (Momentum-)Schwankungsbreite des beobachteten Marktes.

```
public void checkLimitFilter()
{
    if(this.momentumMA.Count>this.limitFilterDuration)
    {
        float min=0;
        for (int i=this.momentumMA.Count-limitFilterDuration;
i<this.momentumMA.Count; i++)
            if (momentumMA[i] < this.negativFilterLimit &&
momentumMA[i] < min)
                min = momentumMA[i];

        setCurrentLimitFilter(min);
    }
}
```

Erst jetzt kann eine Aussage darüber getroffen werden, ob es sich beispielsweise lohnen könnte, nach einer ggf. einsetzenden Kurskorrektur zu suchen.

Die Implementierung erfolgt via statischer Methoden „calcMomentumMA" und „addNextMA" der eigens angelegten Klasse „finMath":

```
finMath.calcMomentumMA(ref myDATA[e.id].ASK,ref
myDATA[e.id].myFilter.momentum);
finMath.addNextMA(ref myDATA[e.id].myFilter.momentum,
ref myDATA[e.id].myFilter.momentumMA,
myDATA[e.id].myFilter.getMAsetting());
```

3.2 Stock Picking

Die Methodik des Stock Pickings (auch Aktienselektion) gehört zum aktiven Wertpapiermanagement.[120] Es wird die gezielte Auswahl von Einzelwerten angestrebt. „Systeme müssen, um handeln zu können, die Vielfalt reduzieren".[121] Die Ökonomen Steinmann und Schreyögg sprechen in diesem Zusammenhang komplexer Handlungssysteme von Absorption, Simplifizierung und Selektion.[122]

---

120 Vgl. Bruns, C., Steiner, M. (2007), S. 310.
121 Steinmann, H., Schreyögg, G. (2005), S. 140.
122 Vgl. Steinmann, H., Schreyögg, G. (2005), S. 140.

Die analytische Kompetenz im Rahmen des Stock Pickings besteht in der Prädiktion von Kursdaten – stets im Verhältnis zu einem marktspezifischen Benchmark. Die betriebenen Aufwände sind nur von Vorteil, sofern das eigene Investment besser als der zugrunde liegende Gesamtmarkt abschneidet, andernfalls stünden die so angefallenen Kosten in keinem angemessenem Verhältnis.

Maßgebliche Herausforderung – und Sinn effizienten Wertpapiermanagements – ist hierbei die Überbrückung bzw. Kompensation der indifferenzierten Anlageentscheidungen im Faktor Zeit.

Die Renditebestimmung ist ex post ohne Aufwand möglich, benötigt wird allerdings eine Abschätzung der Renditen ex ante, sodass hier das „Timing" eine Schlüsselrolle einnimmt.[123]

Grundlegender Ansatz dieses Prototypen ist dabei das Filtering. Der Einsatz eines schnell umzusetzenden Filters senkt die Anzahl der zu analysierenden Wertpapiere. Eine Einschränkung dieser Art senkt zwar dementsprechend auch das am Markt anliegende Renditepotential μ, ist allerdings für eine hinreichend performante Implementierung unumgänglich.

Der zugrunde liegende Prozess kann wie folgt visualisiert werden:

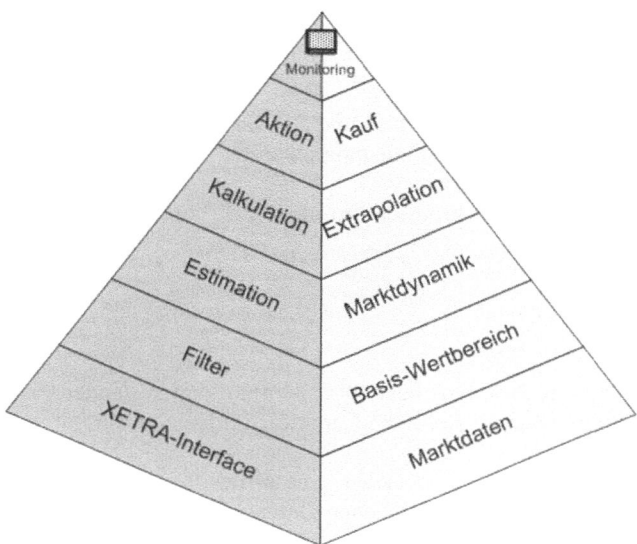

Abbildung 19: Pyramide des Investmentprozesses

---

123   Vgl. Bruns, C., Steiner, M. (2007), S. 310.

3.2.1 Indikatoren

Indikatoren sollen Anhaltspunkte für Kaufsignale liefern. Hinter der Berechnung von Indikatoren steht die Frage, nach welchen Faktoren die Aktien aus dem Pool ausgewählt werden.

Es findet eine Filterung der empfangenen Daten statt, sodass nicht jede Aktie fortwährend der rechenintensiven Überprüfung und Trendberechnung unterworfen werden muss. Das hier implementierte Filtersystem ähnelt der Funktionalität „Market Scanner" aus der TWS. Hier sind Kriterien konfigurierbar, nach denen dem Investor bestimmte Werte vorgeschlagen werden:

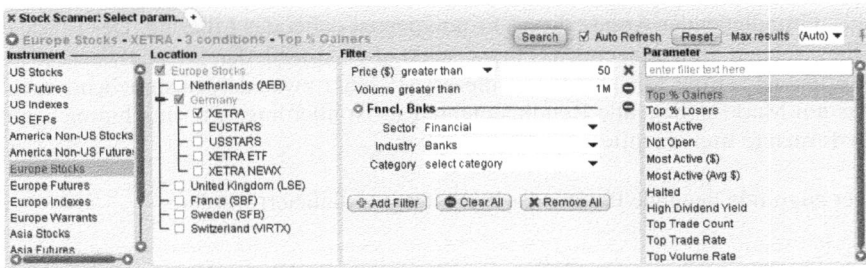

Abbildung 20: TWS Market Scanner GUI

Nachteil des Market Scanner – und zugleich Grund für die eigene Implementierung – sind die eingeschränkten Berechnungsmöglichkeiten innerhalb der auswählbaren Parameter.

Im Nachfolgenden werden Filterkriterien ermittelt, welche Eingangsbedingungen darstellen.

3.2.2 Marktbeobachtung

Bei der Marktbeobachtung des Prototyps handelt es sich um den laufenden Prozess, welcher per konsultierter Schnittstelle die Kapitalmarktdaten aufnimmt und eine Vorfilterung durchführt.

Dabei wird – nicht etwa wie viele Anleger dies in der Praxis tun – nach Handelsstrukturen gesucht, sondern die gegebenen Daten werden auf bestimmte Eingangskriterien überprüft und bei Übereinstimmung mit den zuvor vom Benutzer definierten Filterkriterien weiter beobachtet und tiefer analysiert. Dahinter steht die Idee eines sequentiellen Abarbeitungsschemas, welches nicht sämtliche Anlagemöglichkeiten durchkalkuliert, sondern anhand definierter Eingangsparameter sukzessive die Wertigkeit der empfangenen Datenlage evaluiert. Erst wenn die Daten für hinlänglich befunden wurden, wird eine vollständige (rechenintensive) Analyse durchgeführt. Dies erweitert die Grundidee des „Stock Screenings". In konventionellen Handelssystemen besteht für den aktiv engagierten Investor die Möglichkeit, Aktienfilterlisten per so genanntem „Stock Screening" zu erstellen. Dabei werden zuvor definierte Kriterien (zumeist Finanzdaten der Einzelwerte) fortwährend überwacht und numerisch ausgewertet. Wird für einzelne Assets eine bestimmte Gesamtpunktzahl überschritten, werden dem Portfoliomanager diese als Investitionsvorschlag angezeigt. Diese Methodik dient der Einschränkung der zu analysierenden Einzelwerte im Rahmen des Stock Pickings.[124]

Darüber hinaus müssen Markt- und Branchenindizes auf Abbruchkriterien gemonitored werden. Hier ist insbesondere ein überdurchschnittliches, negatives Momentum mit Threshold$>5\%$ bei $\Delta t_i[0..3600]_{[s]}$ zu nennen. (Eine derartige Implementierung entspräche dem, in vielen halbautomatischen Handelsplattformen anzutreffenden „Panic Button"[125].)

3.2.3 Datenstruktur

Für eine anwendungsgerechte Implementierung erfolgt die Datenhaltung in Form von Collections, welche vereinfacht gesagt dynamische Arrays darstellen. Während bei Arrays Speicher manuell allokiert werden muss, sind Collections auch zur Laufzeit von variabler Größe. Dies ist insbesondere in diesem Projekt von Nutzen, da die Anzahl der zu speichernden Werte nicht exakt zu antizipieren ist. Allerdings kostet diese Flexibilität Performanceeinbußen, da dynamisch reallokiert werden muss.

Da nun für jede Datenreihe der Aktie (Ask, Bid, Volumen, etc.) eine eigene Collection angelegt werden muss, lohnt es sich, diese in eine eigene Klasse zu kapseln und diese mit standardisierten Operationen auszustatten. Beispielsweise um die Werte in der Datenbank zu persistieren oder eigene Berechnungen dynamisch durchzuführen.

Wird nun eine neue Aktie beobachtet, kann ein Objekt dieser Klasse instanziiert werden. Dabei entsteht für jede Aktie ein eigenes Objekt, welches wiederum eigens verwaltet werden muss. Deswegen ist es sinnvoll, dies so flexibel wie möglich zu gestalten und dem Entwickler die Iterierbarkeit zu ermöglichen. Insofern wurde dieses Kernelement der Software als Objekt-Array entwickelt:

---

124 Vgl. Bruns, C., Steiner, M. (2007), S. 311.
125 Steuerelement zur sofortigen Liquidierung/Glattstellung sämtlicher Handelspositionen.

```
tickTimeline[] myDATA = new
tickTimeline[maxAnzahlDataSubscriptions];
```

Die von der API empfangenen Realtime-Daten werden in diese Struktur eingebettet.

```
myDATA[i] = new tickTimeline(id, symbol, name);
```

Nach erfolgter Initialisierung kann auf die Elemente der Klasse zugegriffen werden:

```
myDATA[i].getSymbol();     ...   myDATA[i].getAskBidRatio();     usw...
```

In der Praxis erfolgt die Marktbeobachtung auf Basis der eintreffenden Daten der
Events „tickPrice", „tickSize" und „updateMktDepth". So erfolgt eine Befüllung
des Arrays „myDATA" im Rahmen eines tickPrice-Eventhandlers wie folgt:

```
myDATA[e.id].ASK.Add((float)e.price);
```

3.2.4 Dateninterpretation

An dieser Stelle fließen die Ergebnisse aus Marktbeobachtung und Indikatoren
zusammen. Es wird die Frage nach der Deutung bzw. dem Ergebnis der erhobe-
nen Daten gestellt. Welche Daten (Marktbeobachtung) liefern in Kombination
mit welchen Indikatoren ein „gutes" (Interpretation) Ergebnis?
     Die Filterung erfolgt anhand oben genannter Kriterien. Die Implementie-
rung dieser lässt sich auf unterschiedliche Weise realisieren. Es ist langfristig
eine dynamische Implementierung der Filterkriterien vorgesehen, sodass der
Nutzer sich diese auch ohne eigene Programmierkenntnisse einstellen kann. Für
diese Version des Projektes reicht eine statische Realisierung. Gemäß dem Fall,
dass eine Filterung fortlaufend erfolgt und das Ergebnis regelmäßig (d.h. per
Timer) abgefragt und geprüft werden soll, böte sich folgendes an:

```
for (int i = 0; i < myDATACount; i++)
{
        if(myDATA[i].myFilter.getLocalMin())
           if (myDATA[i].myFilter.getCurrentLimitFilter() != 0)
              if (myDATA[i].myFilter.VOLumeMA.Last() >
              myDATA[i].myFilter.checkVolumeAVG())
              {
                       //Handlungsdirektiven...
              }
}
```

Die Schleife iteriert die vorhandenen Datenobjekte und greift über das Objekt „myFilter" auf die Klasse „Filter" zu, welche die gesamte Filterfunktionalität implementiert hat. In ihr werden die folgenden drei Filterkriterien berechnet und abgefragt:

1. Lokales Minimum im Kursverlauf (Zeile 3)
2. LimitFilter entspricht aktuellem Negativ-Trend (Zeile 4)
3. aktuelles, geglättetes Handelsvolumen größer als Durchschnitt (Zeile 5)

Anschließend folgt verschachtelt die Handlung die auszuführen ist, sofern diese Kriterien zutreffen. An dieser Stelle sei vermerkt, dass es sich hierbei noch keineswegs um ein Kaufsignal handelt, sondern lediglich die Filterung potentieller Investments auf Basis kreierter Filterkriterien, die es fortwährend zu optimieren gilt.

Aus Performancegründen ist es wichtig, dass diese Überprüfung der Filterkriterien nicht bei jedem Tick Event erfolgt, sondern im Rahmen eines explizit dafür ausgelegten Timers, welcher die Prüfung nur alle 10 bis 20 Events durchführt. Dies reicht aus, um ein zeitnahe Ergebnisse zu erhalten und erleichtert darüber hinaus die Parallelisierung der Rechenschritte (sofern auf die Threading-Timer zurückgegriffen wird).

Diese Filterung versetzt den Benutzer in die Lage, eine verkleinerte Datenbasis zu berücksichtigen und stellt somit die Grundlage für weitergehende Betrachtung der Einzelwerte. Die eigentliche Interpretation im engeren Sinne erfolgt anschließend bei Betrachtung der konfigurierten Handelsparameter. Hier fließen Eigenschaften wie Risikoaversion des Investors mit ein und erlauben abschließend die „Deutung" im Sinne der Kaufentscheidung der jeweiligen Daten. Das Ergebnis ist eine „Anlegerindividuelle Portfolioauswahl".[126]

3.3 Strategieprofile

Ein Strategieprofil (SP) ist ein abstraktes Set von Konfigurationsparametern, welche sich in vordefinierter Weise auf die Handlungen der Algorithmen auswirken. Diese müssen aufgrund der variierenden Anforderungen dynamisch implementiert werden, sodass ein Strategiewechsel während des laufenden Betriebes stattfinden kann. Ein Strategieprofil stellt somit die strategische Ausrichtung des Wertpapiermanagements in Bezug auf ein konkretes Portfolio (Finanzmarktparameter) dar.

---

126   Reuse, S. (2011), S. 65.

SPs können verglichen werden mit dem konventionellen Konfigurations-
management beim Software Engineering, allerdings ohne den Prozess des Change Managements mit einzuschließen.[127]

Die SPs werden manuell konfiguriert und gestatten dem Anwender einen
fortwährenden Einfluss auf folgende Parameter / Prozesse:

- Kapitalallokation
- Gesamtmarktkorrelation (Marktrisiken)
- Ausprägung des Handlungsstils

Ein SP kann als übergreifendes Rahmenwerk begriffen werden, welches auf
Basis der zugrunde liegenden Fundamentaldaten und darüber hinaus eigens kalkulierten Daten Entscheidungen in Bezug auf die Allokation trifft.

Das SP ist somit individuelle Parametrisierung und Rahmenwerk der Entscheidungsfindung zugleich.

Im Rahmen dieses Prototypen werden Strategieprofile nur statisch implementiert, sodass der Benutzer nicht die Möglichkeit hat dynamisch zu wechseln,
wohl aber seine Präferenzen einfließen lassen kann.

Als weiterführende Idee kann eine Maximum-Likelihood-Evaluierung der
einzelnen SP angedacht werden. Es wird berechnet, welche Parametereinstellun-
gen die optimalsten (risikoeffizientesten) Ergebnisse liefern könnten. Dies geschieht im Rahmen eines vergangenheitsorientierten „Backtesting" anhand bereits gespeicherter Finanzmarktdaten. Ziel dabei ist die Feinadjustierung der
angelegten Finanzmarktparameter.

3.4 Trendanalyse

Dieses Kapitel zeigt unterschiedliche Verfahren zu Abschätzung kurzfristiger
Trends an den Kapitalmärkten auf und erläutert diese. Grundlegende Problematik
besteht bei jeglicher Form der Trendanalyse in der zeitlichen Unsicherheit, da
zum aktuellen Zeitpunkt nur Vergangenheitswerte herangezogen werden können,
die sich nicht ohne Weiteres für die Zukunft verwenden lassen, sondern nur
einen gewissen Anhaltspunkt darstellen können.[128] Die Ansätze der Zeitreihenanalyse sind dabei Bestandteil der „Quantitative Finance".[129]

Abschließend wird auf Forschungsansätze bei der Trendanalyse eingegangen und die hier im Projekt vorgenommene Implementierung wird erläutert.

---

127   Vgl. Sommerville, I. (2007), S. 742f.
128   Vgl. Baum, F. (2007), S. 108.
129   Vgl. Lai, T.-L., Xing, H. (2008), S. 115.

3.4.1 Regressionsanalyse

In der Betriebswirtschaftslehre stellt die Regressionsanalyse ein praktisch an-
wendbares Verfahren der Trendanalyse und Abschätzung von zukünftig zu er-
wartenden Daten dar. Die Regression basiert dabei grundsätzlich auf der mittleren quadratischen Abweichung.

3.4.1.1 Lineare Regression

Die lineare Regression wird beispielsweise in der einstufigen Kostenartenrech-
nung des Controllings angewandt. Konkret werden dazu die Handelspunkte im
Chart zu einer Geraden reduziert und dessen quadratische Abweichungen berechnet. Die Gerade mit der geringsten Gesamtabweichung aller Punkte ist lineare Regressionsfunktion, die sich nun entlang der Zeitachse fortführen lässt.[130]
      Allerdings ist dieses Verfahren zu ungenau, um damit Kursverläufe annä-
hernd seriös abschätzen zu können. Die Unzulänglichkeit lässt sich leicht veranschaulichen:

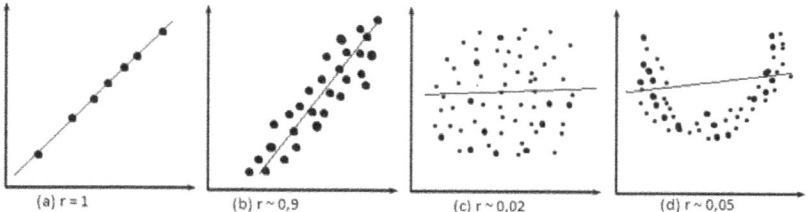

Abbildung 21: Korrelation bei linearer Regression[131]

Es kann beobachtet werden, dass die gebildete Regressionsgerade bei zunehmendem Streuungsmaß der Daten zunehmend von diesen abweicht. Dies kann
durch den abnehmenden Korrelationskoeffizienten r_{xy} angezeigt werden. Demnach lassen sich daraus lediglich simple Trends in Form der Steigung zweifels-
frei interpretieren.

---

130   Vgl. Baum, F. (2007), S. 107.
131   Eigene Darstellung in Anlehnung an Cramer, E., Kamps, U. (2008), S. 125.

3.4.1.2   Polynomiale Regression

Die polynomiale Regression kann als Spezialfall der mehrfachen Linearregression betrachtet werden, bei der das Polynom n-ten Grades gesucht wird, welches die gegebenen Datenpunkte annähernd identisch approximiert. Als Fehlermaß für die Approximation wird die Summe der kleinsten Quadrate (least square) genutzt. Es wird dabei zwischen quadratischen und kubischen Polynomen unterschieden. Minimierung des absoluten Fehlers:
        Insbesondere bei stark volatilen Daten, d.h. mit vielen „Ausreißern" versehene Kursverläufe haben einen hohen absoluten Fehler zur Folge. Der absolute Fehler muss minimiert werden, da das Polynom sonst zu ungenau definiert ist.

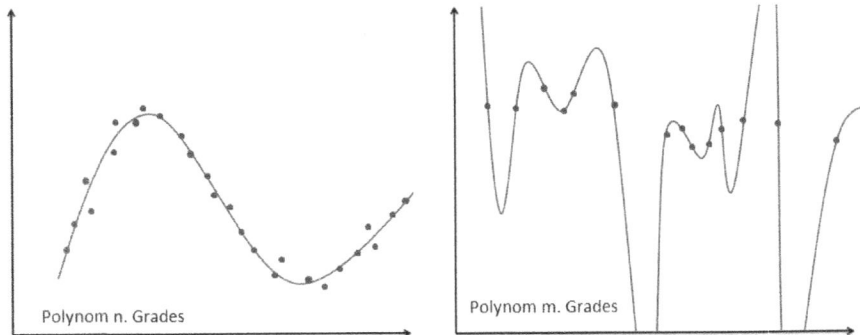

Abbildung 22: Approximationsproblematik der polynomialen Regression[132]

Daraus folgt: Wenn die Einzelwerte exakt abgebildet werden sollen, muss der polynomiale Grad der Anzahl der Punkte entsprechen (n = p), dies wiederum führt allerdings nur bei glatten Funktionen zum Erfolg, für Aktienwerte sind die Oszillationen zu hoch und die so ermittelte Funktion würde augenscheinlich stark abweichende Extremwerte erkennen. MATLAB unterstützt diese Funktionen mit „Polyfit" und „Polyval".

3.4.2 *Trendextrapolation*

Die nachfolgend diskutierten Ansätze der Interpolation dienen der Trendextrapolation. „Bei der Trendextrapolation wird eine zuvor ermittelte Trendfunktion in

---

132   Eigene Darstellung in Anlehnung an Brand, C. (2010), S.14.

die Zukunft fortgeführt."[133] Die Trendextrapolation basiert auf der Interpolation der Numerik. Ziel der unterschiedlichen Verfahren und Lösungsansätze der Interpolation ist grundsätzlich die Abstraktion diskreter (Mess- bzw. Kurs-)Daten.

3.4.2.1 Lineare Interpolation

Die lineare Interpolation ist die einfachste Form der Annäherung an eine zu bestimmende Funktion f. Hierbei werden die Intervallgrenzen [a, b] als Daten verwendet. Dabei werden die Grenzen halbiert und so der tatsächlich zugrunde liegenden Funktion angenähert. Erst wenn das zuvor definierte Fehlermaß x unterschritten wurde, ist der Grad an Konvergenz erreicht.[134]

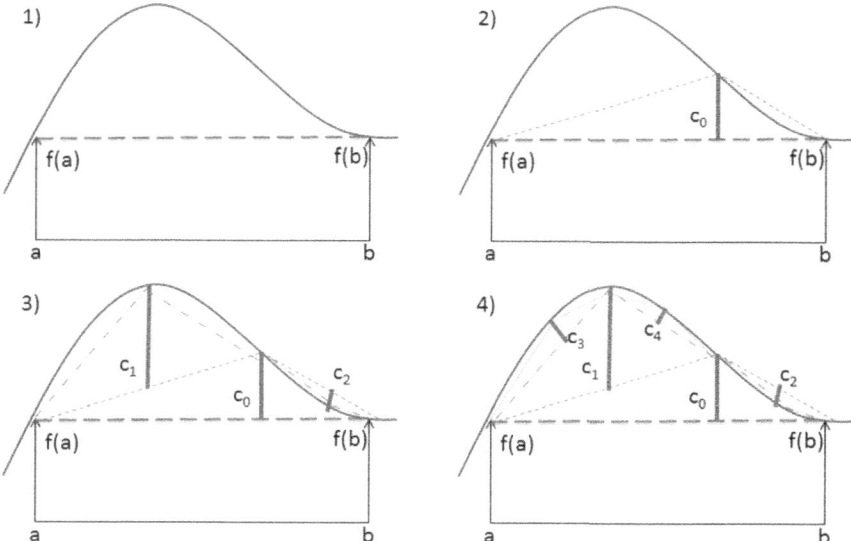

Abbildung 23: Lineare Extrapolation bis zur dritten Korrektur[135]

In der Praxis ist dieses Verfahren (trotz relativ simpler Implementierung) zu aufwändig, um effizient zu sein, daher dient es als veranschaulichendes Beispiel zur Einführung der Trendextrapolation.

---

133   Vgl. Sauerbier, T. (2003), S. 84.
134   Vgl. Huckle, T., Schneider, S. (2002), S. 151.
135   Eigene Darstellung in Anlehnung an Huckle, T., Schneider, S. (2002), S. 151.

3.4.2.2 Polynomiale Interpolation

Das Verfahren der polynomialen Interpolation wird häufig auch als „Lagrange-Polynom" bezeichnet, da dies das weitest verbreitete Verfahren zur Berechnung der polynomialen Interpolation darstellt.[136]

Das Konvergenzverhalten beschreibt dabei die Güte der Approximation. Darüber hinaus nimmt mit wachsender Anzahl von Stützstellen (Kursdaten) das Fehlermaß ab. Doch dies gilt nur für den mittleren Bereich der Approximation, in den Außenbereichen nimmt die Konvergenz bei der konventionellen polynomialen Interpolation ab.[137]

Grundsätzlich lässt sich zu diskreten Daten sagen, dass bei Approximationsverfahren „Datenlücken" also fehlende Stützpunkte im Wertverlauf das Konvergenzverhalten mindern, sodass in der angewandten Praxis eine Datenglättung erfolgen muss. Dies geschieht durch das zwischenzeitliche Einfügen von Stützpunkten, ggf. auch das Ausfiltern und Zusammenfassen von Ticks, sofern diese ein gewisses Intervall (beispielsweise eine Sekunde) unterschreiten. Dies erhöht die zugrunde liegende Approximationsqualität und damit die Genauigkeit der angestrebten Trendextrapolation.

Wie bereits bei der polynomialen Regression beobachtet werden konnte, werden jegliche polynomiale Funktionen mit zunehmender Komplexität instabil. Aus diesem Grund werden nachfolgend erweiterte, d.h. fehlergradoptimierte Interpolationsverfahren diskutiert.

3.4.2.3 Modifizierte Interpolation

Da sich nicht alle Funktionen hinreichend durch die Approximation mit mehrwertigen Polynomen abbilden lassen, seien hier weitere Verfahren aufgeführt. Insbesondere sind hier die „stückweise Hermite-Interpolation" und die „Spline-Interpolation" zu nennen. Bei der Spline-Interpolation werden die zu analysierenden Daten stückweise approximiert. "Die Interpolationsqualität kann auch durch das Aneinanderstückeln einer einfachen Vorschrift verbessert werden."[138] Dies spart Rechenzeit ein und unterdrückt Oszillationen. Es wird weiterhin unterschieden zwischen bezier und kubischer Spline-Interpolation, wobei Letztere die für die Praxis relevantere darstellt. In MATLAB wird die entsprechende Funktion mit „spline" angesteuert.

Das besondere an der Hermite-Interpolation ist, dass auch die Ableitungen berücksichtigt werden. Ebendiese werden an den Stützstellen ebenfalls interpo-

136   Vgl. Schwarz, H., Köckler, N. (2009), S. 91f.
137   Vgl. Engeln-Müllges, G., Niederdrenk, K., Wodicka, R. (2005), S. 371.
138   Schwarz, H., Köckler, N. (2009), S. 106.

liert, sodass Oszillationen anders als bei Spline kaum noch auftreten.[139] In MATLAB wird die entsprechende Funktion mit „pchip" angesteuert.

Die tatsächliche Extrapolation erfolgt dann via analoger Zeitwertfortführung:

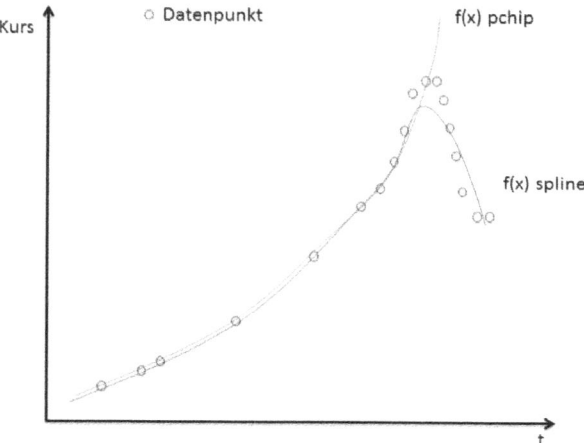

Abbildung 24: Visualisierung Hermite- und Spline-Extrapolationsverfahren[140]

An dieser Stelle erscheint aufgrund der unterschiedlichen Oszillationseigenschaften beider Approximationsverfahren der parallel kalkulierte Mittelwert für die Anlagepraxis geeignet. Dementsprechend werden f(x) pchip und f(x) spline dynamisch, d.h. während des Entscheidungsprozesses berechnet. Der daraus resultierende Mittelwert $f(x)_M$ wiederum approximiert die Approximationsverfahren und führt dadurch zwar zu einem Informationsverlust, verringert allerdings die Fehleranfälligkeit. Zur Interpretation soll die Steigung von $f(x)_M$ herangezogen werden, Aussagekraft haben dabei zu erwartende Rendite r_i des Einzelwertes in Kombination mit der zugehörigen Einzelwertvolatilität. Überragt die Steigung einen zuvor definierten Wert, so gilt dies als Positives Feedbacksignal für den Entscheidungsprozess. An dieser Stelle soll bereits vorwegnehmend erwähnt werden, dass der Spline-Interpolations-Ansatz aufgrund eklatanten Unzulänglichkeiten in der Stabilität bei Zeitreihen (n>5000) aufweist und deshalb im späteren Projektverlauf verworfen wird.

139   Vgl. Schwarz, H., Köckler, N. (2009), S. 98.
140   Eigene Darstellung in Anlehnung an Brand, C. (2010), S. 25.

3.4.3 Forschungsansätze

Es gibt reihenweise Bücher in den Bereichen Statistik, Numerik, Finanzanalyse und Finanzmathematik, die sich mit der Frage auseinander setzen, wie vorhandene diskrete Daten bestmöglich abstrahiert, approximiert und extrapoliert werden können. Im Rahmen der Recherche ist der Autor dabei auf interessante Ansätze der Forschung gestoßen, die einen Interessierten einige Jahre beschäftigen können. Die wichtigsten Modelle nachfolgend im Überblick.

3.4.3.1 Switching Modelle

Eine Methodik sind die so genannten Regime-Switching Modelle, sie ermöglichen in der empirischen Finanztheorie die Berechnung nicht-linearer Zeitreihen mit schnellen bzw. häufigen Verhaltens-/Richtungsänderungen. Bekannt sind vor allem das TAR (Threshold Autoregression) und das Markov-Switching-Modell. Allerdings ist ihre Aussagekraft / Eignung mit Hinblick auf Trendermittlung umstritten.[141]

3.4.3.2 GARCH

Unter dem Überbegriff „Ökonometrie" (Econometrics) werden in den Wirtschaftswissenschaften ökonomische Sachverhalte statistisch analysiert und empirisch überprüft. Daraus ging in den 1980er Jahren das ARCH-Modell hervor, welches Aussagen über die (zukünftige) Entwicklung der Volatilität an Finanzmärkten macht.[142] Die heute etablierte Weiterentwicklung davon ist GARCH, es steht für „generalized autoregressive conditional heteroscedasticity" und erweitert ARCH durch die zusätzliche Betrachtung der eigenen Zeitreihe, da sich so die Prognose verfeinern ließ. Andererseits steht das „generalized" auch für eine Komplexitätsreduktion, welche die praktische Umsetzung erleichtert.[143] Darüber hinaus gibt es weitere Ansätze wie den ECOGARCH, dieser analysiert beispielsweise die exponentiellen Auswirkungen des Leverage-Effektes auf die Zugrunde liegende Funktionsstabilität.[144]
    Die Implementierung der unter „GARCH" zusammengefassten Algorithmen gibt es in diversen Open Source Libraries, unter anderem „GAUSSX".[145]

---

141 Vgl. Books, C. (2008), S. 483f.
142 Vgl. Franke, J., Härdle, W., Hafner, C. (2010), S. 302f.
143 Vgl. Schmid, F., Trede, M. (2006), S. 175f.
144 Vgl. Kreiß, J.-P., Neuhaus, G. (2006), S. 299ff.
145 Vgl. o.V. (2011a).

3.4.3.3 Zustandsraummodell & Kalman-Filter

„Vor allem in ökonomischen Anwendungen wählt man häufig Modelle, die das stochastische Verhalten einer Zeitreihe durch die Überlagerung von verschiedenen, inhaltlich interpretierbaren Komponenten erklären. Werden die Komponenten selbst als stochastisch angesetzt, so spricht man von strukturellen Modellen."[146] Der Kalman-Filter basiert auf der Idee, dass dynamische Systeme fehlerbehaftet sind und diese Störungen mithilfe eines Filters minimiert werden können. Anders als bei der Zeitreihenanalyse werden im Zustandsraummodell anhand mehrdimensionaler Vektoren so genannte Zustands- oder Bewegungsgleichungen erstellt.[147] Wurde nach Beseitigung von white noise etc. die zugrunde liegende Systemdynamik erfasst, kann eine Prädiktion vorgenommen werden, die eben nicht nur extrapoliert, sondern rekursiv aus sich selbst heraus verfeinert bzw. fortgeführt wird. Überdies hinaus erlaubt eine rein rekursive Realisierung eine hochperformante Implementierung.

3.4.3.4 Spektralanalyse / Fourierreihen

Unter der Voraussetzung, dass Finanzmärkte partiell determiniert sein könnten, lohnt sich eine Betrachtung auf Basis von Fourierreihen, hierbei werden Funktionen abschnittsweise mit Sinus und Kosinus abgebildet.[148] Eine Library, die Fourierreihen berechnen kann, ist „TSM".[149]

3.4.3.5 Bubbles

„Unter Bubbles sind fundamental nicht begründbare Kursabweichungen bei Aktien zu verstehen, die zumeist aus psychodynamisch motivierten sich selbst erfüllenden Erwartungen herrühren."[150] Die Rolle von Bubbles sollte demnach bestenfalls eine unterstützende bzw. ergänzende sein, zumal eine unzureichende Operationalisierbarkeit einen professionellen Umgang mit Bubbles stark erschwert.

---

146 Schlittgen, R. (2001), S. 149.
147 Vgl. Strang, G. (2010), S. 245.
148 Vgl. Meyberg, K., Vachenauer, P. (2001), S. 296.
149 Vgl. o.V. (2011b).
150 Bruns, C., Steiner, M. (2007), S. 295.

3.4.3.6 Neuronale Netze (KI)

Hintergrund neuronaler Netze ist die Etablierung einer „Lernfähigkeit" von Rechnersystemen. Zugehörig zum Forschungsfeld der künstlichen Intelligenz, simulieren sie biologische Neuronen mit Hilfe von binären Zustandsvariablen, die untereinander verknüpft sind. Demnach verhalten sich einzelne Transitionen analog zum menschlichen Kurzzeitgedächtnis. Nun gibt es unterschiedliche Lernalgorithmen, welche das neuronale Netz mit Input befüllen und anschließend ein Sollergebnis berechnen. Grundsätzlich ist anzumerken, dass diese Methodik im Allgemeinen nicht effizient mit Strukturbrüchen umgehen kann, welche es an den Kapitalmärkten häufig gibt.[151]

3.4.3.7 Chaos-Theorie

Die Chaos-Theorie befasst sich mit der Abschätzung von nichtlinearen, nichtdeterministischen, dynamischen Systemen. Dazu bedarf es der erweiterten Zeitreihenanalyse. Hierfür wurde von Schreiber et al. eine Library entwickelt, welche unter anderem in der Lage ist, dynamische Systeme zu approximieren. Darüber hinaus wird ein neues Fehlermaß für die Approximation eingeführt, die so genannte Zeroth order. Es beschreibt den Grad der erreichten Präzision. Auf dieser Basis wurden auch mehrere Prediction-Algorithmen zur Vorhersage bzw. Abschätzung des Verlaufes von Zeitreihen implementiert, z.B. das „Global mean prediction"-Verfahren.

Zusätzlich findet sich eine Implementierung der von Grassberger et al. beschriebenen Algorithmus „On noise reduction methods for chaotic data", mit diesem lässt sich eine Reduktion von „Datenausreissern" der zugrunde liegenden Zeitreihen realisieren. [152]

Die Library heißt TISEAN – Nonlinear **Ti**me **S**eries **An**alysis und wurde via GPL v2 publiziert.[153]

3.4.4 Implementierung

Nachfolgend ist die Vorgehensweise der Implementierung des Prototypen beschrieben. Dazu müssen zunächst – wie bei jeder Form des (kurzfristigen) Investmentmanagements – Ideen für Handelsmuster entwickelt werden. Dabei geht es um die Analyse von Marktdaten mit dem Ziel der Bewertung dieser.

151   Vgl. Bruns, C., Steiner, M. (2007), S. 300f.
152   Vgl. Grassberger, P., Hegger, R., Kantz, H., Schaffrath, C., Schreiber, T. (1993).
153   Vgl. Hegger, R., Kantz, H., Schreiber, T. (2011).

Chartbilder können bei der Identifizierung der Filterkriterien helfen:

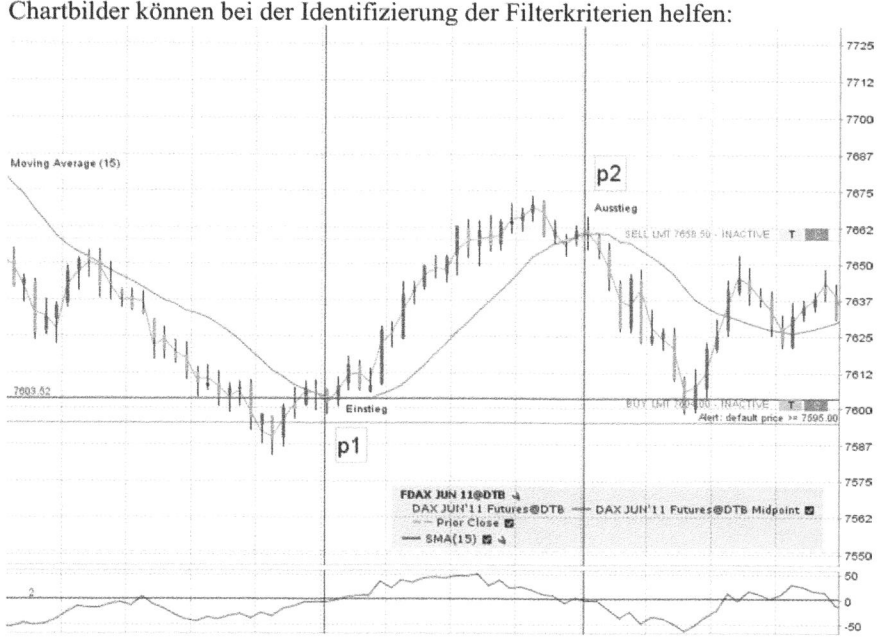

Abbildung 25: Ermittlung Filterkriterien (Candlestick Chart)[154]

Beim Chartpunkt p1 ist ein ggf. sinnvoller Einstieg zu erkennen, p2 kennzeichnet den anzustrebenden Ausstieg. Da natürlich kein rückwirkender Handel möglich ist, müssen die Konditionen, die zu p1 führen, im Vorfeld abgeschätzt werden. Dies geschieht anhand der ermittelten Werte, wie beispielsweise dem Momentum (untere Zusatzlinie) oder dem gleitenden Durchschnitt (obere Zusatzlinie). Wie in diesem Chart zu erkennen ist, tangiert Momentum(Preis) bei p1 die Basislinie 0 und durchläuft diese erneut zum Zeitpunkt p2. Diese Änderung in der Handelsintensität spiegelt sich auch im Moving Average wieder, welcher zu p1 und p2 an Steigung verliert. Die Trends sind in diesem Fall stark ausgeprägt und gut zu beobachten, da als Underlying ein Index (DAX) gewählt wurde. Diese Kennzahlen liefern eine erste Einschätzung (=Estimation), und sind richtungsweisend für den weiteren Algorithmusverlauf.

Nachdem eine Kursabschätzung durchgeführt wurde, soll ein Trend berechnet werden. Offensichtlich ist es weder möglich noch sinnvoll, alle zuvor erörterten Algorithmen und Heuristiken für ein Prototyping zu berücksichtigen. Aus

---

154   Screenshot IB TraderWorkstation Chart.

diesem Grund beschränkt sich der erste Ansatz dieses Projektes auf die Spline-Interpolation.[155] Diese eignet sich, wie an folgendem Schaubild offensichtlich wird, nur unzureichend für längerfristige Prognosen:

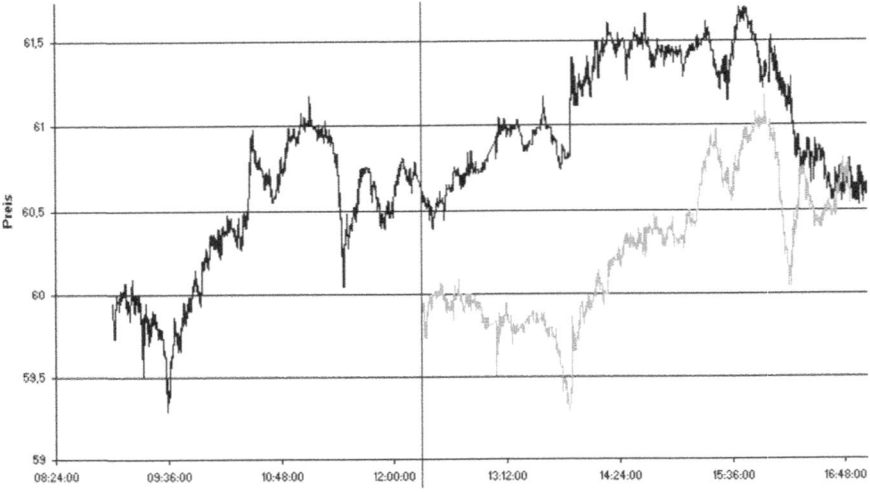

Abbildung 26: Prognose Spline-Interpolation (n=5000;3,5h)

Der betrachtete Zeitraum von 5000 Kursnotationen („Ticks") entspricht in diesem Beispiel etwa 3,5 Stunden. In dem hier durchgeführten Experiment lieferten die ersten 5000 Werte den Input für spline() und es wurden daraufhin als Output wiederum 5000 Werte berechnet. Das Ergebnis ist stark abweichend, wenngleich die Tendenz an einigen Stellen ähnlich verläuft. Die tatsächliche Korrelation liegt nur bei 0,3164. Die Idee der Spline-Interpolation wird daher wegen Instabilität verworfen.

Da im vorgegebenen Zeitrahmen kein Raum für weitere Forschungsaufwände im Bereich der Trendextrapolation möglich ist, wird das Projekt an dieser Stelle auf die Mikrostrukturanalyse fokussiert.

3.5 Kapitalallokation

Dies ist das thematische Kernstück dieser Ausarbeitung. Es wird evaluiert, auf welche Weise der Kapitaleinsatz und dessen Verteilung erfolgen soll.

---

155   Die Implementierung ist angelehnt an: Vornberger, O., Müller, O. (2000).

Als Anforderung an die Software gelten:
- positive Liquidität für jede Periode des Anlagezeitraumes
- Beschränkung der Investitionen
- Beschränkung der Finanzierungstranchen[156]

In ihrer Gesamtheit ist die Disposition von Investitionskapital ein Zusammenspiel aus Risikomanagement, Portfoliodiversifizierung und Money Management (Steuerung und Verwaltung der Liquidität).

3.5.1 Risk-Management

Nachdem die Grundlagen des Risikomanagements erläutert wurden, sind nachfolgend die praktischen Auswirkungen auf die zu entwickelnde Algorithmik von Bedeutung. An dieser Stelle sei grundsätzlich angemerkt, dass die Implementierung der theoretischen Modelle (wie beispielsweise die Portfolio Theory von Markowitz) im Rahmen diese Projektes nicht vollständig erfolgen können. Dies liegt primär an den zugrunde liegenden Anforderungen. Aus Softwaresicht ist dieses Modell aufgrund der vielen, interferierenden Kovarianzen nur für eine beschränkte Anzahl von Einzelwerten möglich. Nichts desto trotz können die Grundlagen der Portfolio Theory als Maßstab für die Risikobewertung genutzt werden um ein im Ansatz möglichst risikoeffizientes Trading zu ermöglichen.

3.5.1.1 Diversifizierung

Nach welchen Kriterien das vorhandene Kapital eines Portfolios am effizientesten aufgeteilt und eingesetzt wird, ist Fragestellung der Diversifizierung. Soll ein Portfolio risikorelevant diversifiziert werden, ist es notwendig, die zugrunde liegenden Korrelationen der Einzelwerte zu kennen. In der Stochastik wird dies *Maßzahl des Zusammenhangs* genannt. Zur Berechnung dieser wurde folgende Funktion implementiert[157]

```
        public static float calcCorrelation(ref List<float> v1,
ref List<float> v2)
        {
            float corr=0;
            if (v1.Count() == v2.Count() && v1.Count()>1)
            {
```

---

156   Vgl. Perridon, L., Steiner, M., Rathgeber, A. (2009), S. 97.
157   Die genutzt Methode „calcVola()" wird in Kapitel 3.5.1.3 ausführlich diskutiert.

```
float avgV1 = finMath.calcTotalAverage(ref v1);
float avgV2 = finMath.calcTotalAverage(ref v2);
for (int i = 0; i < v1.Count(); i++)
    corr += (v1[i] - avgV1) * (v2[i] - avgV2);
corr /= v1.Count(); //Durchschnitt bilden
//Quotient bilden zum Produkt der
```
Standardabweichungen:
```
    corr /= finMath.calcVola(ref v1) *
finMath.calcVola(ref v2);
    }
    return corr;
}
```

Zwar wäre auch die Nutzung bereits vorhandener, mathematischer Bibliotheken möglich gewesen, doch dies hätte den flexiblen und performanten Einsatz von Referenzen unmöglich gemacht.

Um nun die Diversifikation des Portfolios abzuschließen, müssen die Korrelationen der beobachteten Einzelwerte kalkuliert und fortlaufend aktualisiert werden, da es sich hierbei um kurzfristige Betrachtungen handelt. Aufgrund der einzelnen Korrelationskoeffizienten kann das Gesamtportfoliorisiko (welches bei günstigen Korrelationen überdurchschnittlich abnimmt) berechnet werden.[158]

3.5.1.2 Systematisches Marktrisiko (Beta-Faktor)

Der Beta-Faktor beschreibt das gesamte Marktrisiko anhand eines Indizes im Verhältnis zu einem Einzelwert. Es lässt sich wie folgt berechnen:

$$\beta_i = \frac{\sigma_{i,index}}{\sigma^2_{index}}$$

```
public static float calcBeta(ref List<float> value, ref List<float>
index)
{
    return calcCovariance(ref value, ref
index)/(float)Math.Pow((double)calcVola(ref index),2);
}
```

Allerdings bieten die meisten Datenprovider die Betafaktoren der wichtigsten Aktien in Relation zum Marktindex an und müssten nicht selbst berechnet werden.

---

158   Die Berechnung dazu findet sich in Kapitel 3.5.1.3

3.5.1.3 Spezifisches Marktrisiko

Die Berechnung der aktuellen Standardabweichung (Volatilität) für eine Aktie anhand der oben genannten Formel lässt sich wie folgt implementieren:

```
public static float calcVola(ref List<float> values)
{
    double x=0;
    List<float> temp = new List<float>();

    for(int i=1;i<values.Count;i++)
        temp.Add(calcRendite(values[i],values[i-1]));

    float avg=calcTotalAverage(ref temp);

    foreach (float f in temp)
        x += Math.Pow(f - avg, 2);

    x *= Math.Pow(temp.Count,-1);
    return (float)Math.Sqrt(x);
}
```

Mithilfe dieser Funktion lässt sich die Intraday-Standardabweichung eines Einzelwertes bestimmen. Dazu wird zunächst die Rendite der Kurswerte ermittelt und in einer temporären Collection gespeichert. Es folgt die Berechnung des Erwartungswertes, gefolgt von der Aufaddierung der quadrierten Differenz aus Einzelrendite (Minuend) und Erwartungswert (Subtrahend). Abschließend wird der reziproke Wert der Anzahl zum Ergebnis multipliziert und die Quadratwurzel nach einem Typecast an den Aufrufer zurückgegeben.

An dieser Stelle muss erwähnt werden, dass diese Implementierung mit zwei Schleifendurchläufen nicht effizient ist, allerdings eine Berechnung ohne vorhergehende Auswertung (Erwartungswert) ermöglicht. Daher ist es empfehlenswert, den Erwartungswert μ aus historischen Daten zu berechnen und abzuspeichern. Zusätzlich wäre es möglich, bei langen Datenreihen (n>10000) nur einen gewissen Anteil der Daten in die Berechnung einfließen zu lassen.

Erst nach Ermittlung von Standardabweichung und den Kovarianzen lässt sich die Gesamtvolatilität des Portfolios ermitteln. Es ist von entscheidender Bedeutung – und gemäß Markowitz eines der wichtigsten Erkenntnisse der Portfolio Theory – die Portfoliovolatilität nicht als gewichteten Mittelwert der Einzelrenditen zu betrachten, sondern die wechselseitigen Interdependenzen zu berücksichtigen.[159]

---

159 Vgl. Bruns, C., Steiner, M. (2007), S. 12.

$$\sigma_{PF} = \sqrt{\left(\sigma_A^2 \times \lambda_A\right) + \left(\sigma_B^2 \times \lambda_B\right) + \left(2 \times \sigma_{A,B} \times \lambda_A \times \lambda_B\right)}$$

Da allerdings eine dynamische Implementierung des Gesamtportfolios erfolgen soll:

$$\sigma_{PF} = \sqrt{\sum_{i=1}^{n}\left(\sigma_i^2 \times \lambda_i\right) + \left(n \times \sigma_i \times \sigma_{A,i+1} \times \ldots \times \sigma_{A,n}\right)}$$

Der Faktor $\lambda_A \times \lambda_B$ kann entfallen, da das Produkt stets 1 ist (Gesamtanteil).

```
        public static float calcPortfolioVola(ref List<float> []
values, ref float [] anteil)
        {
            if (anteil == null || anteil.Count() == 0)
            {
                anteil = new float[values.Count()];
                for (int i = 0; i < values.Count(); i++)
                    anteil[i] = 100 / values.Count() * 0.01F;
            }

            double sum=0, cor=0;
            for (int i = 0; i < values.Count(); i++)
                sum += Math.Pow((double)calcVola(ref values[i]),2)
* anteil[i++];

            /*Korrelations-Matrix berechnen:
                0 1 2 3 4
                A B C D E
            0 A - x x x x
            1 B - - x x x
            2 C - - - x x
            3 D - - - - x
            4 E - - - - -                        */

            for(int a=0;a<values.Count();a++)
                for(int b=0;b<values.Count();b++)
                    if(a>b)
                        cor *= calcCorrelation(ref values[a],ref
values[b]);

            //Kovarianz-Koeffizient:
            sum += values.Count() * cor;
            return (float)sum;
        }
```

Nachdem die Eingangsdaten geprüft und ggf. ergänzt wurden, wird die Summe der quadrierten Einzelwertstandardabweichung mit dem Anteilsfaktor (Lambda) multipliziert. Die daraus entstehende Summe kann wiederum mit dem Korrelationskoeffizienten addiert werden.

3.5.2 Handelsparameter

Nachfolgend ist beschrieben, wie die einzelnen Entscheidungen sich zu einem (risikoeffizienten) Gesamtportfolio formieren und was dafür berücksichtigt werden muss.

Folgende Arten von Entscheidungen der Kapitalallokation gibt es:
- Entscheidung über die zu beobachtenden Märkte (Mindestanforderungen)
- Entscheidung über die zu beobachtenden Wertpapiere
- Entscheidungen über die Kriterien eines Einstiegs (inkl. Zeitpunkt)
- Entscheidung über die Höhe des zu riskierenden Kapitals
- Entscheidungen über die Kriterien eines Ausstiegs
- Entscheidungen über die Art der Orders

Wesentliche Handelsparameter sind die abgeleiteten Werte der Preiszeitreihe einer Aktie. Zusätzlich herangezogen werden sollten Markttiefe und Handelsintensität.

3.5.3 Money Management

Dieses Kapitel beschreibt die quantitative Disposition des zur Verfügung stehenden Faktors Kapital. Nachdem ein risikoeffizientes Portfolio entstanden ist, muss nun evaluiert werden, welche Position wie viele Ressourcen zur Verfügung gestellt bekommt. Im Vordergrund steht die Frage nach der Gewichtung der einzelnen Aktienanteile.

Über diesen Grundaspekt der Kapitalaufteilung hinaus, müssen gewisse Randbedingungen erfüllt werden, die ggf. vom Benutzer angestrebt werden. Dies kann unter anderem eine Barreserve sein, um die Liquidität des Investors jederzeit sicherzustellen.

Als Rangfolge für die Anlageentscheidungen wird eine Kapitalwertrate (Profitability Index) kalkuliert.[160] So können die einzelnen Investitionsentscheidungen miteinander verglichen werden (Nutzenprinzip).

---

160   Vgl. Perridon, L., Steiner, M., Rathgeber, A. (2009), S. 93.

Sofern die Standardnormalverteilung für die Rendite angenommen wird, kann anhand der erwarteten Rendite für einen Einzelwert mit bestimmter Wahrscheinlichkeit ein Intervall definiert werden, in dem sich die Wertentwicklung befinden wird. Wird die Normalverteilung gedrittelt, ergeben sich folgende Intervalle:

$$\mu_{66,6\%} = \left[\mu - \sigma; \mu + \sigma\right] \quad \mu_{95\%} = \left[\mu - 2\sigma; \mu + 2\sigma\right]$$

$$\mu_{99\%} = \left[\mu - 3\sigma; \mu + 3\sigma\right]$$

Ausgehend von der durchschnittlichen, vorangegangenen Kursentwicklung kann somit eine Aussage über das zu einer bestimmten Wahrscheinlichkeit erreichte Kursniveau anhand eines „Kurskorridors" getroffen werden. Verknüpft man diese Intervalle nun vor einem Investment mit der individuell konfigurierbaren Risikoaversion des Nutzers, kann eine risikogesteuerte Allokation erfolgen.

Zusätzlich – und das ist entscheidend bei der Vermeidung von Kapitalverlusten – erfolgt an die eigene Risikoaversion angepasst, die Ermittlung des Stop-Loss-Kurses.

3.5.3.1 Cash-Pooling

Dieser Begriff stammt ursprünglich aus dem Bereich des betriebswirtschaftlichen Controllings und bezeichnet die Aufgabe der liquiditätsbedingten Umschichtungen. Im Rahmen dieser Ausarbeitung meint Cash-Pooling die dynamische Verwaltung der gehaltenen Positionen unter Austarierung der Interessen des Investors. Diese variieren zwischen Liquidität (Sicherheit) und Profitabilität durch Effizienz (Rendite).

Bei der Realisierung wird der Fokus auf die Rendite gelegt. Eine Möglichkeit der Kapitalallokation Money-Management-Umsetzung in Quellcode funktioniert wie folgt:

```
private void MoneyManagement(int assetID, int anzahl, float
estRendite)
{
        //Berechnung der Risiko-Investment-Schwelle:
        float ordervolumen=0;

        //Berechnung des maximal zu riskierenden Kapitals:
        float
maxInvestAmount=(float)this.numeric_portfolioLimit.Value-
currentlyInvested;
```

```
if(maxInvestAmount>(float)this.numeric_einzelpositionsLimit.Value)

maxInvestAmount=(float)this.numeric_einzelpositionsLimit.Value;

    if (maxInvestAmount >
(float)(this.numeric_relEinzelpositionsLimit.Value *
this.numeric_portfolioLimit.Value))
        maxInvestAmount =
(float)(this.numeric_relEinzelpositionsLimit.Value *
this.numeric_portfolioLimit.Value);

            //Risikoneigung und Volatilität beeinflussen
Einzelpositionswert:
            maxInvestAmount*=(tB_risikoneigung.Value / 100) *
(float)Math.Pow(finMath.calcVola(ref myDATA[assetID].ASK),-1);


if(myDATA[assetID].getLastMktPrice()*estRendite>calcOrderCost(asset
ID,anzahl))
            myAPI.placeOrder(assetID, "BUY", anzahl, ...);
}
```

3.5.3.2 Spezifische Abbruchkriterien

Mindestens ebenso wichtig wie der Einstieg ist der Ausstieg. Deswegen werden die Portfolioeinzelpositionen fortwährend überwacht und unter bestimmten Bedingungen vorzeitig liquidiert. Es könnte eine Vielzahl von Indikatoren diskutiert werden, an dieser Stelle soll allerdings nur der Kurs ausschlaggebend für einen Ausstieg sein.

Bei folgenden Ereignissen oder Parametern könnte sonst abgebrochen werden:

- Handelsintensität (Vervielfältigung des Volumens)
- Volatilität (Standardabweichung erhöht sich überdurchschnittlich)

3.5.3.3 Systemische Abbruchkriterien

Auch marktspezifische Abbruchkriterien sollten berücksichtigt werden. Da insbesondere in Extremsituationen die konventionellen, auf Korrelationen beruhenden Marktmodelle nur unzulängliche Ergebnisse liefern[161], kann es unter be-

---

161   Vgl. Reuse, S. (2011), S. 113.

stimmten Bedingungen sinnvoll sein, den Handel auszusetzen. Hier ist vor allem
die Volatilität einer Peer-Group oder gleich des zugrunde liegenden Index als
Kriterium zu beachten.

3.6 Webbased Trade-Order

Dieses Kapitel beschreibt die Implementierung des Schnittstellenmoduls zur
Aufgabe internetbasierter Kapitalmarktorder an variierenden Handelsplätzen.

3.6.1 Event-based Order-Trigger

Nachfolgend ist ein eigenes Order-Modul beschrieben, welches parametrisierte
Kapitalmarktinteraktionen verwalten kann. Beispiel eines Aktienkaufes, Typ
Market:

```
myAPI.placeOrder(assetID,"BUY",anzahl,myDATA[assetID].getSymbol(),"
STK","","","","","SMART",
myDATA[assetID].getMarket().getName(),myDATA[assetID].getMarket().g
etCurrency().ToString(),"MKT",0, 0,"","","","","","");
```

Um nun ein Update der API zu empfangen, sobald die Order sich verändert,
muss folgender Eventhandler vom Typ OrderStatus implementiert werden:

```
this.myAPI.orderStatus += new
AxTWSLib._DTwsEvents_orderStatusEventHandler(myAPI_orderStatus);
```

Im Normalfall wurde die Marketorder vollständig durchgeführt („filled") und der
OrderStatus enthält den durchschnittlichen Preis der ggf. gesplitteten Einzelorder:

```
void myAPI_orderStatus(object sender,
AxTWSLib._DTwsEvents_orderStatusEvent e)
{
    float fillprice = e.avgFillPrice;
}
```

3.6.2 Interface-Performance

Im Rahmen der Entwicklung des Prototypen werden zur Laufzeit durchschnittlich 255 Events pro Sekunde entgegen genommen und verarbeitet (hierbei handelt es sich nicht nur, aber hauptsächlich um Marktdaten inkl. Markttiefe). Dem-

entsprechend ist die Leistung der Datenschnittstelle genügend. Nachfolgend ein Screenshot der Prototypeigenen Systemüberwachung zur Laufzeit:

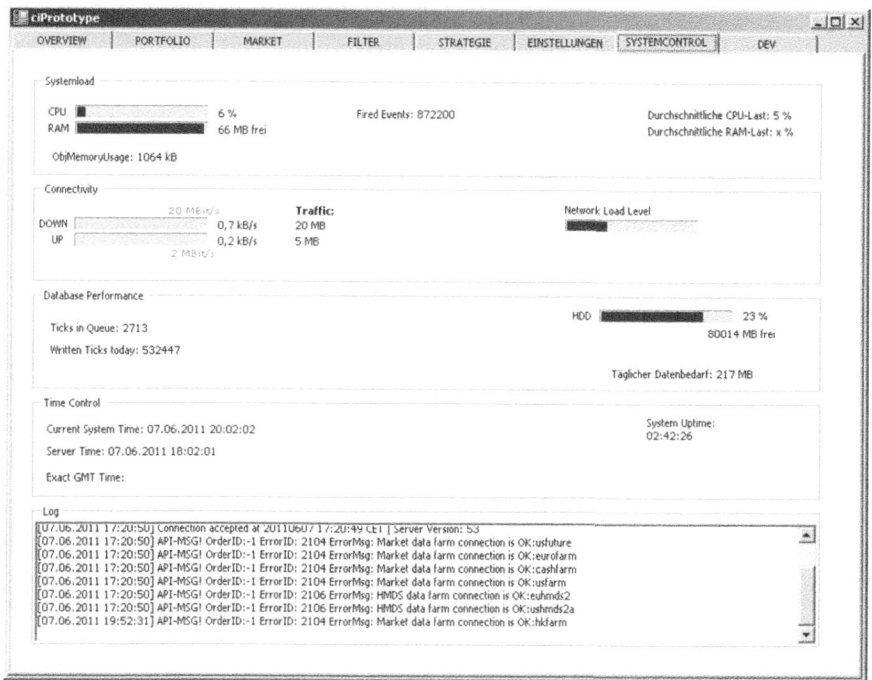

Abbildung 27: Systemauslastung und Schnittstellenperformance

Während die Speichernutzung durch den Prototypen nach ca. 2,5h Laufzeit bei etwa einem MegaByte liegt, verbraucht die TWS inkl. speicherintensiver Java-Runtime einen Großteil der Ressourcen (>500MB Arbeitsspeicher).

In weiteren Projektphasen muss bei Durchführung eines Lasttests die Frage erörtert werden, wie viele Parameter/Datensätze gleichzeitig von der Schnittstelle verarbeitet werden können.

3.7 Software-Quality

Gemäß ISO/IEC 9126 (ehemals DIN 66272) beschreibt dieses Kapitel die Anforderungen an die Qualität der Software. Aufgrund der Tatsache, dass im Rah-

men dieser Ausarbeitung lediglich ein Prototyp angestrebt wird, könnte dieses
Kapitel entfallen – der Autor legt an dieser Stelle Wert auf eine zeitgemäße
Durchführung der Softwareentwicklung unter den aktuellen Standards des Quality Managements. Die meisten der nachfolgend vorgestellten Maßnahmen können
in den ersten Releases noch nicht berücksichtigt werden und sind daher als kon-
zeptionell zu betrachten.

3.7.1 Funktionalität

Die Richtigkeit der Software wird durch eigens durchgeführte Systemtests überprüft. Hierzu zählen vor allem die Bereiche RiskManagement, Renditekalkulation und Trendanalyse. Für eine adäquate Softwaresolution sind im Rahmen des
Systemtests Qualitätskriterien zu definieren. Darunter zählen vor allem statisti-
sche Mindestanforderungen wie die im Vorfeld zu erfolgende Abschätzung der
maximal in Risiko gesetzten Kapitalhöhe. Darüber hinaus ist die Sicherstellung
der Interoperabilität von besonderer Bedeutung für den Erfolg der Software. Nur
die reibungsminimierte Koordination der benutzten Schnittstellen kann einen
positiven Softwareeinsatz garantieren. Auch der Sicherheitsaspekt gehört zur
Funktionalität eines Softwareproduktes. Hier sind insbesondere die Technologien Mirroring, Hashing und Encryption zu nennen. Für die Datenhaltung sind
nicht nur informationstechnische, sondern auch kaufmännisch-rechtliche Anforderungen zu berücksichtigen. Es ist sicherzustellen, dass die zugrunde liegende
Datenbank den gängigen Mindestanforderungen von Datenschutz (Data Privacy)
und Datensicherheit (Data Protection) gerecht wird. Letztere soll mit hardware-
basierten Datenspiegelungen (Mirroring) sichergestellt werden. Der Aspekt des
Datenschutzes dagegen soll mit Verschlüsselung auf Funktionsebene umgesetzt
werden. Um im Gegenzug allerdings die Selbständigkeit der Software zu ge-
währleisten, müssen zwar die dafür benötigten Daten vor dem Zugriff Dritter
geschützt werden, doch auch im laufenden Betrieb zur Verfügung stehen. Vor
diesem Hintergrund ist im weiteren Projektverlauf ein detailliertes DV-Berechti-
gungskonzept anzufertigen. Die Absicherung von einzelnen Transaktionen kann
mit kryptographischen Hashfunktionen wie MD5 oder SHA-256 erfolgen. (Vom
MD5-Algorithmus wird allerdings an dieser Stelle Abstand genommen, da bereits seit 2008 gezielte Kollisionsangriffe [nicht-injektive Wertduplizierungen]
möglich sind.[162])
    Eine weitere Sicherheitsanforderung entsteht durch die mögliche Notwen-
digkeit der Schnellabschaltung bzw. Ad hoc-Positionsschließung aufgrund unvorhergesehener Ereignisse des Marktverhaltens oder der höheren Gewalt (z.B.:

---

162 Vgl. Schmidt, J. (2009).

Naturkatastrophe, Stromausfall oder Währungsumstellung). Für diesen Zweck soll eine Notabschaltung mit direkter Positionsliquidierung implementiert werden. Für den Fall des Serverausfalles dagegen muss ein zweiter Host integriert werden. Diese beiden Master-Slave-Server sollen sich selbständig auf den Status der Erreichbarkeit überprüfen („Pingback-Auth") und ggf. Sicherheitsmaßnahmen ergreifen. Wichtig hierfür ist die geographische Redundanz von Master und Slave. Diese Rechnerarchitektur wird auch genutzt, um sich gegenseitig zu Authentifizieren sowie Transaktionen zu validieren. So können zusätzlich Funktionsaufrufe von unautorisierten Hosts ausgeschlossen werden.

3.7.2 Zuverlässigkeit

Die Zuverlässigkeit einer Software ist weiteres Hauptkriterium der ISO/IEC 9126 bei dem es auf Reifegrad, Konformität, Wiederherstellbarkeit und Fehlertoleranz ankommt. Letztere bekommt vor dem Hintergrund des sensitiven Handlungsumfeldes der Kapitalallokation besondere Bedeutung und wird durch Maßnahmen wie unabhängige Prüfsysteme, Monitoring und hinreichende Abbruchkriterien sichergestellt. Konkret bedeutet dies für die technische Zuverlässigkeit die Implementierung von Threadmonitoring zur laufenden Überprüfung der Processthreads sowie einer dauerhaften Sicherstellung der Funktion der einzelnen Softwaremodule.[163] So können zumindest Systemausfälle sowie Timeouts und Overflows zeitnah identifiziert werden. Darüber hinaus müssen Ausfälle der Daten- und Orderschnittstelle rechtzeitig erkannt werden. Dies ist nur durch den Umweg einer Art „Ping-Invoke-Funktionalität" der jeweiligen API möglich. Ein Ausfall der Datenschnittstelle ist ein außerordentliches Abbruchkriterium. Weitere Abbruchkriterien, die zu einer sofortigen Liquidierung der Positionen führen, sind zudem (Teil-)Systemausfälle, stark steigende Volatilität und überdurchschnittliche Differenzen der Markt-Indizes. Diese sind variabel konfigurierbar und im Vorfeld kritisch zu hinterfragen. In jedem dieser außergewöhnlichen Szenarien soll eine Benachrichtigung der Systemadministratoren erfolgen. Diese variiert konfigurativ und lässt sich beispielsweise per eMail-Notifier oder SMS-Nachricht realisieren (der hierfür benötigte externe GSM-Provider inkl. HTTP-API steht zur Verfügung). Diese Notifications bieten keine Garantie für reibungsfreien Systemablauf, erhöhen zumindest die Möglichkeit der Schadensbegrenzung im Falle des Ausfalles.

Darüber hinaus ist eine Anforderung im Rahmen der Systemstabilität die Möglichkeit von Konfigurationsmodifikationen im laufenden Betrieb und ein automatisiertes Durchstarten bei Serverrestart. Bei Systemausfällen soll somit

---

163 Vgl. Sommerville, I. (2007), S. 76f.

auf das oben beschriebene Redundanzsystem ausgewichen werden können. Gleichzeitig soll per „Pingback"-Funktionalität der Onlinestatus gegenseitig geprüft werden und ebendiesen sicherstellen. Dies trägt der Anforderung der Wiederherstellbarkeit Rechnung.

3.7.3 Benutzbarkeit

Die anzulegende Usability hängt vom Grad der Verbreitung der Software ab. Grundsätzlich bemisst sich die Benutzbarkeit von Software am Grad des Aufwandes, dem sich ein Benutzer beim Gebrauch ausgesetzt fühlt.[164] Dieser variiert aufgrund subjektiv-individueller Perzeption. Im Bereich der am Kapitalmarkt aktiven Benutzer müsste insofern eine Erhebung diesbezüglich durchgeführt werden, um die Präferenzen dieser Peer Group zu identifizieren. Dies ist allerdings im Rahmen dieser Ausarbeitung nicht vorgesehen. Die Usability soll im Rahmen einiger Basiskonzepte realisiert werden. Darunter könnte beispielsweise ein sog. „Konfigurations-Wizard" fallen, welcher dem Nutzer einen betreuten Softwareeinsatz ermöglich. Übersicht:

1. Datenanbindung konfigurieren (Connection-Parameters)
2. Datenselektion / Datenfilter
3. Datenpurgescript (DB Clean)
4. Visualisierung („Charting")
5. Einstellungen zu Wertselektionskriterien
6. Assetallocation Settings (inkl. CashManagement)
7. Security Settings (Fault Management)
8. General User Settings (inkl. Notification)
9. Broker-Settings (Depotverwaltung)
10. Einstellungen der Performancekalkulation

Weiterhin zur Benutzbarkeit zählen Elemente wie Verständlichkeit, Erlernbarkeit und Bedienbarkeit. Diese Maßnahmen erhöhen die Transparenz der Software gegenüber dem Nutzer und sollen – unabhängig vom GUI Design („Attraktivität" gem. Norm) – den Betriebsablauf verdeutlichen. Von zentraler Bedeutung ist hierfür sicherlich die erreichte Performance des Handelssystems. Dazu soll eine grafisch aufbereitete Übersicht („Output-Overview") implementiert werden. Darüber hinaus interessant ist die Einbringung von Konfigurationsparametern und deren Korrelation zum erzielten Ergebnis. Dadurch lässt sich eine einfach verständliche Feinadjustierung durchführen. Darüber hinaus kann die eine visua-

---

164   Vgl. Sommerville, I. (2007), S. 159f.

lisierte Konfiguration als weiterführende Idee aufgenommen werden – der User steht grundsätzlich vor dem Problem der Interpretation von Konfigurationsparametern und deren Auswirkungen bei Modifikation – eine grafische Komponente mit intuitiver Symbolik könnte hier zur Transparenz beitragen. Grundgedanke hierbei ist die Überführung von komplexen Wertstrukturen in übersichtliche, grafische Darstellungen – idealerweise in einer, dem Benutzer bekannten Form. Hierfür könnten konventionelle Darstellungen wie zweidimensionale Charts, Elemente der farblichen Bewertung, deskriptive Tooltips, Schiebe-/Fortschrittsbalken, prozentuale Symbolik, Icons oder ähnliche Elementen der Benutzerschnittstelle genutzt werden. Gemäß Farbmetrik kann die Farbwahrnehmung für Interpretationszusammenhänge und intuitive Bewertungen genutzt werden. Diese Art der Benutzersteuerung ist zwar nicht neu, fand dennoch nur bedingt Anklang im Rahmen der IT-Branche. So hat beispielsweise IBM ein Explorer-SDK für die Software „Support Assistent Workbench" mit dem Namen „Visual Configuration" und dem Ziel der optimierten Benutzerinformation.[165] Somit ließe sich ein benutzerfreundliches Tracking der Historie der Konfigurationsparameter integrieren und ggf. mit aussagekräftigen KPI's verknüpfen, sodass die Auswirkungen der Konfiguration ersichtlich und verständlich werden. Übergeordnetes Ziel ist die intelligente weil intuitive Nutzerführung durch direktes Handlungsfeedback per Veranschaulichung der Implikationen einzelner Konfigurationsparameter. So könnte die Gewichtung des allokierten Kapitals beispielsweise durch Kreisdiagramme und die Volatilitäten und Handelsparameter in interdependenten Netzdiagrammen („SpiderWeb-Diagrams") dargestellt werden. Für Marktkorrelationen dagegen eignen sich gerichtete Graphendiagramme mit Mehrfachkanten und für die Markttiefe eine orthogonale 3D-Visualisierung.

Zudem muss für eine Gewährleistung der Transparenz ein konfigurierbares Logging erfolgen, bei dem wesentliche Parameter und Debug-Informationen zwecks zeitversetzter Nachvollziehbarkeit des Systemverhaltens gespeichert werden. Zur Implementierung des Logging lassen sich externe Frameworks nutzen – auf ein Unittest wird im Rahmen des Prototyps verzichtet.

3.7.4 Effizienz

Das quantitative Leistungsniveau der Software bestimmt maßgeblich die Outputperformance. Relevant für die Effizienz einer Software sind Zeit- Verbrauchsverhalten während der Runtime. Das Zeitverhalten bestimmt sich durch die Funktionslaufzeiten und den dabei zu bewältigenden Datendurchsätzen. Ebendiese werden im Kapitel der Datenbankanforderungen quantifiziert. Der

---

165   Vgl. Alphaworks (2011).

Fokus liegt hierbei auf Laufzeitminimierung, da die Ressourcen skalierbar sind. Die Echtzeitanalyse selbst von nur Teilbereichen der Kapitalmärkte benötigt nicht unerhebliche Ressourcen wie Festplatten- und CPU-Leistung. Während die initialen Berechnungen primär den RAM-Speicher beanspruchen, werden deren Ergebnisse auf mehreren HDDs persistiert.[166] Die dafür zu erbringende Rechenleistung wird im Prototyp noch keine Rolle spielen, wird allerdings für den zeitkritischen Produktivbetrieb der Software entscheidend sein. Dementsprechend ist die hardwareseitig bereitgestellte Rechenleistung an das Leistungsniveau anzupassen. Zuvor allerdings sollen die internen Algorithmen einer Laufzeitoptimierung unterzogen werden. Hier sind insbesondere Variablennutzung und Schleifendurchläufe zu minimieren und die Wertigkeiten der angewandten Algorithmen mathematisch zu reduzieren. Zudem kann auch die Infrastruktur der Software auf mehrere Plattformen verteilt werden. So ist ein Auslagern der rechenintensiven Kernprozesse denkbar. Darüber hinaus sind zudem die Anforderungen der Datensicherheit zu berücksichtigen, da diese Methoden – insbesondere bei großen Datenmengen – zu zeitintensiven Ressourcennutzungen führen können. Es muss im Rahmen abschließender Lasttests sichergestellt werden, dass Zeit- und Verbrauchsverhalten den Datengerüsten standhalten.

In der Laufzeitpraxis hat sich herausgestellt, dass die Hardwarebelastung durch die Software zwar nicht unerheblich ausfällt, dennoch keine besonderen Maßnahmen der Performanceoptimierung oder Hardwareerweiterung benötigt. Nachfolgend Screenshot des Windows Task-Manager inkl. Speicherbelastung und CPU-Anteil:

Anwendungen	Prozesse	Systemleistung	Netzwerk	Benutzer						
Name		CPU...	CPU-Zeit	Speicher...	Maximale Speic...	Seitenfehler	Threads	E/A-Byte...	E/A-Byte...
sqlservr.exe		13	2:17:45	5.988 K	27.592 K	372.110	23	6.660.625	3.449.218
ciProtoype.vshost.exe		12	0:00:31	30.968 K	31.384 K	18.459	20	903.487	892

Abbildung 28: Software-Effizienz in der Praxis (Task-Manager)

Während der Prozess der zugrunde liegenden Datenbank („sqlservr.exe") einen Großteil der aufkommenden Last bewältigt, liegt der Systemprozess bezüglich CPU-Auslastung und Eingabe/Ausgabe-Datendurchsatz („E/A-Byte") des Prototypen knapp unter diesem Level. Zwar gibt diese Information keinen Aufschluss über langfristiges Laufzeitverhalten, kann im Rahmen des Prototypen als exemplarisch hinreichend bewertet werden.

---

166 Die logische Datenstruktur ist in das DBMS eingebettet.

3.7.5 Änderbarkeit

Analysierbarkeit, Modifizierbarkeit und Diagnosen von fehlerhaften Prozessen sind übergeordnetes Ziel des Quality Assurance Prozesse beim Software Engineering. Grundsätzlich ist hier darauf zu achten, dass die Wartbarkeit der Software durch weitestgehende Standardisierung des Softwareentwicklungsprozesses maximiert wird. Dieser Teil der Softwarequalität kann im Rahmen des Prototypen vernachlässigt werden, da Veränderungen an der Software das Entwicklungsstadium ausmachen und Prototyping die Entwicklungsphase voraussetzt.

3.7.6 Übertragbarkeit

Die Übertragbarkeit gibt an, wie leicht sich die Software von einer Umgebung auf die andere portieren lässt, welche Anpassungen oder Austauschungen dafür notwendig sind. Darunter fallen auch Aspekte der Interoperabilität und der multiplen Betriebssystemfunktionalität. Dieser Teil der Softwarequalität kann im Rahmen des Prototypen übersprungen werden, da lediglich die Entwicklungsplattform eingesetzt wird und eine ggf. im Projektverlauf sich ergebende Hardwareerweiterung keinen relevanten Einfluss auf die Funktionsweise der Software haben wird.

4 Datenverwaltung

Parallel zur Entwicklung der Software erfolgt die Unterlegung mit Datenstrukturen. Diese zu planen ist Bestandteil dieses Abschnittes.

4.1 DBMS Anforderungen

Nachfolgend werden die DV-technischen Anforderungen an das DBMS definiert. Hierfür sind nicht nur Aspekte der Fachlichkeit, sondern auch nichtfunktionale Anforderungen wie beispielsweise Datendurchsatz zu berücksichtigen.
    Die Anforderung an das Datenvolumen sind in Kapitel 4.1.2 Performance dargestellt.

4.1.1 Fachlich

Als fachliche Datenstrukturen soll für jedes Wertpapier Parameter wie bspw. Wertpapierkennnummer (WKN), Kurs, Handelsvolumen etc. hinterlegt werden. Dafür ist folgende Struktur vorgesehen:

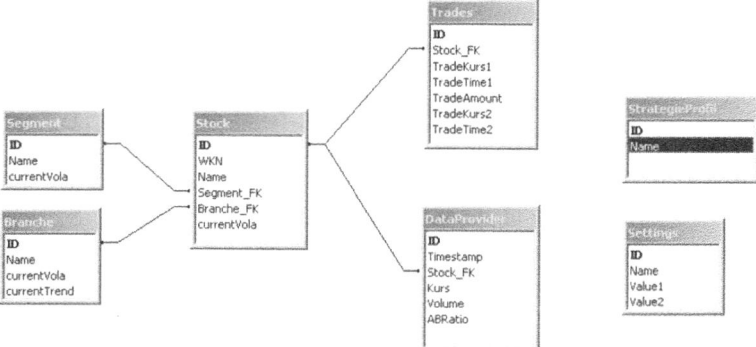

Abbildung 29: Datenbank-Design

4.1.2 Performance

An das zugrunde liegende DBMS werden bestimmte Anforderung an Lastgerüste gestellt. Im Folgenden werden diese abgeschätzt und in der Datenbank-Konfiguration berücksichtigt (Indexierung zwecks Performanceoptimierung). Während das elektronische Handelssystem der Deutschen Börse AG (XE-TRA) von 9:00 bis 17:30 Uhr Kurse notiert, ist die Präsenzbörse in Frankfurt am Main bis 20:00 Uhr aktiv. Dementsprechend muss (allein für deutsche Börsen) ein Zeitraum von elf Stunden täglich abgedeckt werden. DAX, MDAX und SDAX zusammengenommen enthalten die 130 – für Deutschland – relevantesten Wertpapiere. Bei gewöhnlicher Handelsaktivität ist daher mit einer Orderausführung pro Sekunde zu rechnen. Dementsprechend beläuft sich die Anzahl der täglich zu bewältigenden Datensätze auf 130 * 11 * 3600 = 5.148.000 Datensätze pro Tag.

Bei den zu persistierenden Daten (ID, Zeitstempel, Fremdschlüssel der Aktie, Kurs, Volumen, AskBid-Ratio) ist mit 8 Byte pro Datensatz zu rechnen. Dies entspricht ca. 20 Byte auf dem physischen Datenträger. (5148000*20 Byte) / $1024^2 = 98,1$ MB Speicherplatzanforderung (HDD)

Für eine granulare Steuerung der Datenquantität wird an dieser Stelle zur Kenntnis genommen, dass jede Aktie schätzungsweise 0,75 MB Festplattenspeicher täglich benötigt.

In der Praxis benötigt ein XETRA-Datensatz einer Woche knapp 2 GB, bereinigt um derivative Finanzinstrumente verbleiben pro Tag 104,8 MB.

Um Performanceengpässen vorzubeugen, bzw. die Anwendung aus Datensicht möglichst performant zu entwickeln, soll von vorne herein auf die Möglichkeit der Indizierung hingewiesen werden: „Mit dem Einsatz von nicht einmaligen Indexen kann die Zugriffsgeschwindigkeit beträchtlich erhöht werden. Damit ist die Indizierung auch ein Instrument zur Steigerung der Performance."[167]

Indizierung lohnt sich insbesondere dann, wenn auf bestimmte Datenstrukturen nicht nur besonders häufig, sondern auch unter lasterhöhenden Anforderungen wie beispielsweise Sortierung oder Gruppierung zugegriffen werden muss.[168]

4.1.3 Transaktionsverwaltung

„Eine Transaktion ist eine Sammlung von Operationen, die als Einheit betrachtet werden".[169] Dies dient der Datenintegrität.

---

167   Moos, A. (2004), S. 165.
168   Vgl. Moos, A. (2004). S. 166.
169   Gennick, J. (2007), S. 149.

Autocommit-Modus:

Beim SQL Server lässt sich Autotransaktionen mit folgendem Statement aktivieren:
„SET IMPLICIT_TRANSACTIONS ON"

Demzufolge wird jede Anweisung, die von DBMS aufgenommen wird, als separate Transaktion betrachtet und behandelt.[170] Es besteht darüber hinaus die Möglichkeit, gezielt eigene Transaktionen zu starten und zu per Markierung zu kennzeichnen. Dies geschieht beim SQL Server mit folgende Syntax:

BEGIN TRANS [[transaction_name][WITH MARK [,eigene Beschreibung']]]

Durch „With Mark" wird die Transaktion zusätzlich im DB-Log hinterlegt, dies erleichtert die gezielte Auswertung im Nachhinein.

Beendet werden Transaktionen wie folgt:
COMMIT TRAN[SACTION] [transaction_name]

Abgebrochen können Transaktionen mit:
ROLLBACK TRAN[SACTION] [transaction_name]

Bei abschließender Betrachtung sei erwähnt, dass bei größeren zu bewältigenden Datenvolumina und –throughputs grundsätzlich die Möglichkeit besteht, auf verteilte DBMS zurückzugreifen. Hierfür sind von den gängigen Datenbanksystemen so genannte „Distributed Transactions" vorgesehen. „The basic difference between a non-distributed transaction and a distributed transaction is that the latter can update or request data from several different remote sites on a network."[171] Identifiziert werden verteilte Transaktionen per globaler Transaktions-ID, zudem wird den beteiligten Hosts eine System Change Number (SCN) zugewiesen.[172]

4.2 Datenbank-Auswahl

Die Auswahl der Datenbank auf das DBMS „SQL Server" erfolgte bereits bei Festlegung der Runtime Environment auf .NET, aufgrund der guten Interoperabilität und zeitlicher Entwicklungseffizienz beider Microsoft Produkte.

---

170   Vgl. Gennick, J. (2007), S. 149.
171   Rob, P. Coronel, C., Crockett, K. (2008), S. 682.
172   Gennick, J. (2007), S. 155.

4.3 Schnittstellenanbindung

Die konkrete Ausprägung dieser Anbindung hängt vom Leistungsumfang des Schnittstellenpartners ab. Neben den konventionellen Quotes (Kurslisten) sind insbesondere Informationen über Markttiefe (DoM) für eine adäquate Realisierung eines Prognosealgorithmus von Relevanz.

5 Wirtschaftlichkeitsberechnung

Das fünfte Kapitel untersucht die den Algorithmen zugrunde liegende Performance. Nachfolgend werden die Maßstäbe zur Messung der erbrachten Leistung vorgestellt. Darunter fallen nicht nur übergeordnete betriebswirtschaftliche Kennzahlen wie das RoI, sondern auch risikoadjustierte Benchmarks.

„Die Performance-Messung dient in erster Linie einer sachgerechten Anlageerfolgskontrolle der im Asset-Prozess getroffenen Entscheidungen und ermöglicht eine Rückkoppelung auf die vorgelagerten Ebenen des Anlageentscheidungsprozesses."[173]

Die Wirtschaftlichkeitsberechnung dient demnach der Leistungsbeurteilung und zugleich als Feedback für den Prozess der Portfolioauswahl („Reallocation").

Um nun der Risikobetrachtung dieser Ausarbeitung gerecht zu werden, wird nicht nur die reine Renditeperformance gemessen und erhoben (so wie es in der Praxis oft bei Investmentfonds der Fall ist), sondern die Anlageentscheidungen werden risikoadjustiert. Dafür sieht die Finanzmathematik eigene risikoadjustierte Performancemaße vor, die im Nachfolgenden vorgestellt werden.

5.1 Rentabilität

Die Rendite ist ein relatives Maß des absoluten Outputfaktors „Cash Flow" zur Beurteilung der Wirtschaftlichkeit einer Anlage bzw. eines Unternehmens. Dementsprechend finden sich unterschiedliche Rentabilitätskennzahlen in der Betriebswirtschaftslehre. Grundsätzlich lässt sich eine Kurssteigerung und die damit verbundene Rendite mit der Formel Cash Flow / Nettoinvestition * 100 % berechnen.[174]

In der Finanzliteratur wird hier zumeist zwischen Gesamtrendite und Eigenkapitalrendite differenziert, dies aufgrund der so genannten Leverage-Faktors. Je mehr Fremdkapitalanteil ein Investment aufweist, desto höher ist dessen Eigenkapitalrendite.

---

173 Perridon, L., Steiner, M., Rathgeber, A. (2009), S. 292.
174 Vgl. Baetge, J., Kirsch, H., Thiele, S. (2007), S. 8.

Die Rentabilitätskalkulation in Form der anteiligen Rendite erfolgt im Rahmen der abschließenden Investmentbewertung des Prototyps, aufgeschlüsselt nach Handelstagen.

Abschließend sei zur Rendite erwähnt, dass der Investor nur an der so genannten „Überschussrendite" interessiert ist. Diese definiert sich durch den risikofreien Zinssatz (bei alternativer Anlageform) plus Risikoprämie, welche den Ausgleich für die Opportunitätskosten darstellt.[175] Der Begriff der „aktiven Rendite" geht über diesen Ansatz hinaus und definiert zusätzlich den erreichten Überschuss im Vergleich zu einer Benchmark. Dieser orientiert sich zumeist an einem Performanceindex.[176]

Für die Renditeberechnung des Portfolios (PF) gilt:

$$r_{PF} = \sum_{i=1}^{n} x_i \cdot r_{i_t}$$

mit

$$r_{i_t} = \frac{k_{t+1}}{k_t}$$

Überschuss pro Tradingsession:[177]

$$EBIT_{PF} = \sum_{i=1}^{n} \left[x_i (k_{i_{t+1}} - k_{i_t}) - (e_{i_t} + e_{i_{t+1}}) \right]$$

r_{PF} = Gesamtrendite des Portfolios
$EBIT_{PF}$ = Earnings before interest and tax (Bruttogewinn) des Portfolios
i = Index einer Position im Portfolio
x = Anzahl der Aktien pro Portfolio
t = Startzeitpunkt (Kauf von x_i)
t+1 = Endzeitpunkt (Verkauf von x_i)
e = variable Handelsgebühr pro Order
1…n bezeichnet die einzelnen Positionen im Portfolio PF.

An dieser Stelle wird nicht weiter zwischen EK und FK aufgeschlüsselt, wie es für gewöhnlich in der Betriebswirtschaft üblich ist, da der Einsatz von FK im Projekt vorerst ausgeschlossen wird.

---

175   Vgl. Bruns, C., Meyer-Bullerdiek, F. (2008), S. 6.
176   Vgl. Bruns, C., Meyer-Bullerdiek, F. (2008), S. 6.
177   In Anlehnung an: Esch, L., Kieffer, R., Lopez, T. (2005), S. 38.

5.1.1 Return on Investment (RoI)

Das RoI ist kein risikoadjustiertes Maß, es bezeichnet die Rentabilität pro Einheit investierten Kapitals.

$$RoI = \frac{EBIT_{Jahresüberschuss}}{Gesamtkapital} \times 100\%$$

Für die Abweichungen zu bisherigen Trading-Sessions kann das so genannte „Indifferenz-RoI-Diagramm" genutzt werden, es zeigt den Abstand zum bisherigen Durchschnitt.[178] Allerdings anders als beim Unternehmenscontrolling muss hier nicht Kapitalumschlag und Umsatzrentabilität, sondern Rendite und Risikomaß angeschlagen und ausgewertet werden. Siehe auch unter Isonutzenkurve oder Indifferenzkurve.[179]

5.1.2 Risikoadjustierte Performancemaße

Grundlegendes Problem der Renditekalkulation ist deren mangelhafte Vergleichbarkeit. Aufgrund der oben beschriebenen Nutzenfunktion konnte gezeigt werden, dass zu unterschiedlichen Risikostufen auch unterschiedliche Erwartungswerte μ existieren. Demnach lohnt sich ein Vergleich der schlussendlich erzielten Rendite nur bei annähernd identischem Risiko. Ziel der risikoadjustierten Performancemaße ist es also, dass die „ermittelten Renditewerte auf ein gemeinsames Risikoniveau bezogen werden. [...] In diesem Sinne stellt die Risk-Adjusted Performance ein Performancemaß dar, mit dem eine Risikonormierung vorgenommen werden kann, das zugleich jedoch die Möglichkeit des Vergleichs von (skalierten) absoluten Renditewerten ermöglicht."[180]

Ziel dieses Projektes ist es, die erwirtschafteten Renditen unter Einbeziehung des dabei eingegangenen Gesamtrisikos des Portfolios zu betrachten.

5.1.2.1 Risk Adjusted Return on Capital (RAROC)

„Der RAROC stellt die risikoadjustierte Gesamtportfolio-Rendite nach Abzug der Kapitalkosten dar".[181] Es basiert dabei auf dem RORAC-Verfahren von Dan Borge. Letzteres basiert auf dem Quotienten von Ergebnis und „riskiertem" Kapital.[182]

---

178   Vgl. Perridon, L., Steiner, M., Rathgeber, A. (2009), S. 587.
179   Vgl. Breuer, W. (2002), S. 28ff.
180   Fischer, B. (2001), S. 281.
181   Theiler, U. (2002), S. 184.
182   Vgl. Albrecht, P., Maurer, R. (2005), S. 894.

Ziel des RAROC-Ansatzes ist die Bereitstellung eines simpel zu quantifizierbaren Risikoperformancemaßes aus dem Bereich der RAPM. Grundsätzlich lässt sich das RAROC als Quotient von risikoadjustiertem Ergebnis und eingesetztem Kapital ermitteln. Letzteres kann dabei auch als Value at Risk definiert werden, dies stellt dann die Erweiterung zum RARORAC (Risk Adjusted Return On Risk Adjusted Capital) dar.[183] Demnach berechnet sich der RAROC wie folgt:[184]

$$RAROC = \frac{Einnahmen - Kosten - erwartete Verluste}{\ddot{o}konomisches Kapital}$$

Das ökonomische Kapital repräsentiert dabei den Value-at-Risk. „Dies ist die Differenz zwischen dem 99,9%-Worst-Case-Verlust und dem erwarteten Verlust."[185]

5.1.2.2 Jensen-Index

„Based on the capital market line of the CAPM, Jensen assumes it is possible to gain profit out of a disequilibrium in the market."[186] Diese Evaluierung erfolgt mit Hilfe der Residualrenditen:[187]

$$R_P = (R_P - r_0) - \beta_P (R_M - r_0)$$

„Das Jensensche Alpha ist demnach das ‚Renditeplus' des Portfolios P gegenüber einem Portfolio, das im risikobehafteten Teil genau so strukturiert ist wie der Benchmark G und dieselbe Faktorsensitivität hätte."[188] Die Beurteilung von Wertpapierportfolios nach dem Jensen-Index erfolgt damit als spezifische ($\sigma\mu$-Kombination):

183   Vgl. Eisele, B. (2004), S. 228f.
184   Vgl. Hull, J. (2010), S. 520f.
185   Hull, J. (2010), S. 520f.
186   Prokopczuk, M., Rachev, S., Trück, S. (2004), S. 2.
187   Albrecht, P., Maurer, R. (2005), S. 318f.
188   Spremann, K. (2006), S. 383.

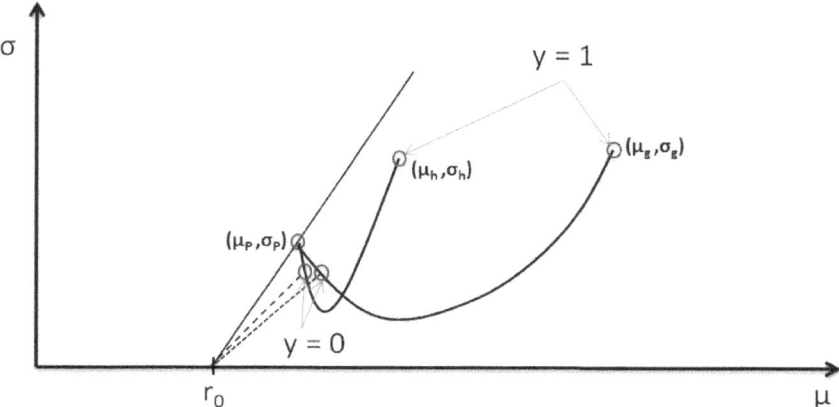

Abbildung 30: Beurteilung von Wertpapierportfolios nach dem Jensen-Maß[189]

5.1.2.3 Sharpe-Ratio

Die Sharpe-Ratio entspricht der Steigung eines risikolosen Portfolios ($\sigma\mu$-Kombination).[190]

„The reward-to-variability-ratio of Sharpe is similar to the Treynor ratio but adjusts the excess return with the overall risk, i.e. systematic and unsystematic risk, measured by the standard deviation σ of the portfolio"[191]

$$S = \frac{(E[r] - r_f)}{\sigma}$$

Wobei r_f den risikolosen Zins darstellt.[192] Sharpe bringt den Vorteil mit sich, dass spezifische Risiken ebenfalls einbezogen werden, das gibt die Möglichkeit, Portfolios zu analysieren und zu bewerten.

---

189 Eigene Darstellung in Anlehnung an Breuer, W., Gürtler, M., Schuhmacher, F. (2010), S. 390.
190 Vgl. Albrecht, P., Maurer, R. (2005), S. 304.
191 Prokopczuk, M., Rachev, S., Trück, S. (2004), S. 4.
192 Vgl. Albrecht, P., Maurer, R. (2005), S. 315.

5.1.2.4 Treynor-Ratio

Die Treynor-Ratio wird auch Treynor-Index genannt und ist ein weiterer Baustein des RAPM. Es berechnet sich wie folgt:[193]

$$T = \frac{(E[r] - r_f)}{\beta}$$

wobei β den Beta-Faktor des zugrunde liegenden Marktes darstellt.

"The Treynor ratio, also called reward-to-volatility-ratio, measures the excess return adjusted by the systematic risk."[194] Dementsprechend nutzen Jensen und Treynor das systematische Risiko in Form des Beta-Faktors anstelle des Gesamtrisikos.

5.2 Externe Einflüsse

Die Interaktion mit den Kapitalmärkten ist ein komplexes Unterfangen, es unterliegt nicht direkt steuerbaren Einflüssen Dritter. Dies sind vor allem die direkten Handelspartner (Broker), wie auch den unterstützenden Systemen (Datenprovider), bis hin zum Fiskus. Derartige Konventionen erzeugen Reibungsverluste (Agency Costs[195]) und müssen für eine vollständige Betrachtung des Ergebnisses berücksichtigt werden. Zu diesen gehören neben den determinierbaren Transaktionskosten und den leistungsbezogenen Steuern auch implizite Kosten wie beispielsweise die durch Informationsasymmetrien entstehenden Reibungsverluste zwischen unterschiedlichen Marktteilnehmern.[196] Letztere werden allerdings im Umfang dieser Ausarbeitung nicht berücksichtigt.

5.2.1 Fixe Kosten

Kosten für einen externen Datenprovider fallen im Rahmen dieses Projektes nicht an, da die bezogenen Realtime-Daten direkt vom Broker stammen. Allerdings gibt es Intervallfixe Kosten.[197] Diese beziehen sich auf die Anzahl der

---

193   Vgl. Albrecht, P., Maurer, R. (2005), S. 319.
194   Prokopczuk, M., Rachev, S., Trück, S. (2004), S. 4.
195   Vgl. Bruns, C., Steiner, M. (2007), S. 1.
196   Vgl. Bruns, C., Steiner, M. (2007), S. 1.
197   Vgl. Baum, F. (2007), S. 108.

gebuchten Datasubscriptions und erhöhen sich mit aufkommenden Datenvolumen. Dieser Aspekt kann an dieser Stelle jedoch im Prototyp-Stadium unberücksichtigt bleiben, da noch keine größeren Datenkapazitäten, als die bereits von IB zur Verfügung gestellten, benötigt werden.

5.2.2 Variable Kosten

Hier sind insbesondere die Transaktionskosten zu nennen, deren Höhe sich zumeist aus dem zu handelnden Volumen berechnet.

Deutschland				Example
	Flat Rate	**Minimum pro Order**	**Maximum pro Order**	
SWB	0.12% des Handelswertes	EUR 6.00	Kein	
FWB²	0.1% des Handelswertes	EUR 4.00	EUR 39.00	
Chi-X / NURO / Turquoise DE	0.1% des Handelswertes	EUR 4.00	EUR 29.00	
Xetra - ETFs	**0.1% des Handelswertes**	EUR 4.00	EUR 29.00	
Xetra - Aktien	0.1% des Handelswertes	EUR 4.00	EUR 99.00	

Abbildung 31: Variable Tradingkosten[198]

Auch beim Brokerage lässt sich eine Form der Kostenremanenz beobachten, die Kosten sinken bei abnehmendem Handelsvolumen langsamer, als sie bei zunehmendem Volumen zunehmen. Dementsprechend muss bei der Implementierung ein Mittelmaß von Portfolio-Diversifikation und Transaktionskosten gefunden werden. Auch lässt sich diese Kostenremanenz durch die Auswahl unterschiedlicher Handelshäuser etwas ausgleichen.

5.2.3 Kapitalertragssteuer

Seit 2009 erheben die Finanzdirektionen der Bundesrepublik Deutschland auf Kapitalerträge, die über den Freibetrag von 801 Euro pro Jahr hinausgehen, die so genannte Kapitalertragssteuer. Zuvor waren Kapitalerträge im Rahmen der Anlage K der Jahreslohnsteuerausgleiches mit der Lohnsteuer und anderen Einkommensarten verrechnet worden. Gewinnausschüttungen werden nach dem Prinzip des Halbeinkünfteverfahrens sowohl von der Kapitalgesellschaft als auch

---

198   Entnommen aus Interactive Brokers (2011).

vom Aktionär versteuert.[199] Dividenden sind tendenziell eher Bestandteil länger-
fristiger Anlagestrategien und daher nicht Gegenstand dieser Ausarbeitung.Die
Kapitalertragssteuer wird von der Bruttorendite abgezogen und ergibt so das
tatsächliche Nettoergebnis. Im Rahmen der Prototypenimplementierung spielt
dies allerdings keine Rolle, da steuerliche Betrachtungen nur ex post berücksichtigt werden können und vor allem nicht durch das Anlageverhalten in irgendeiner
Weise beeinflussbar sind.[200] Allerdings lassen sich zu verzeichnende Verluste
mit den erzielten Gewinnen verrechnen.[201]

5.2.4 Implementierung

Die konkrete Umsetzung der Ordergebühren ist aufgrund des Einflusses auf die
Nettorendite von entscheidender Bedeutung. Zwar ist die Berechnung der Order-
kosten selbst recht simpel, doch aufgrund der vielen Unterschiede von Kommissionen und Gebühren der einzelnen Handelsplätze, gestaltet sich die Realisierung
komplex:

```
private float calcOrderCost(int assetID, int anzahl)
{
        float totalOrderCost = 0, orderCostBuy=0, orderCostSell=0;

        //Ordergebühren sind Broker- und marktspezifisch!
        switch(myDATA[assetID].getMarket().getExchange())
        {
            case Market.ExchangeEnum.AMEX:
                //Brokergebühr
                orderCostBuy += anzahl * 0.0035F;
                orderCostSell += anzahl * 0.0035F;
                //ExchangeFee
                    //die AMEX unterscheidet noch zusätzlich zwischen
LISTING und OrderTypen!
                orderCostBuy += anzahl * 0.0027F;
                orderCostSell += anzahl * 0.00273F;
                totalOrderCost = orderCostBuy + orderCostSell;
            break;

            case Market.ExchangeEnum.XETRA:
                orderCostBuy = myDATA[assetID].getLastMktPrice() *
anzahl * 0.1F;
                if(orderCostBuy<4) //Orderkostenminimum 4 Euro
                    orderCostBuy=4;
```

---

199   Vgl. Werner, H., Kobabe, R. (2007), S. 155.
200   Diese Aussage gilt so uneingeschränkt nur für den Kapitalmarkthandel in kurzen Zeiträumen.
201   Vgl. Knobbe-Keuk, B. (1991), S. 596.

```
                 if (orderCostBuy > 99) //0,1% vom Ordervolumen /
Orderkostenlimit 99 Euro
                     orderCostBuy = 99;

             orderCostSell = myDATA[assetID].getLastMktPrice() *
                             myDATA[assetID].getEstRendite() *
anzahl * 0.1F;
             if (orderCostSell < 4) //Orderkostenminimum 4 Euro
                 orderCostSell = 4;
             if (orderCostSell > 99) //0,1% vom Ordervolumen /
Orderkostenlimit 99 Euro
                 orderCostSell = 99;
             totalOrderCost = 2 * orderCostPerTrade + orderCostBuy
+ orderCostSell;
         break;

         case Market.ExchangeEnum.NYSE:
             //Brokergebühr
                 orderCostBuy += anzahl * 0.0035F;
                 orderCostSell += anzahl * 0.0035F;
             //ExchangeFee
                 //die NYSE unterscheidet noch zusätzlich zwischen
OrderTypen!
                 orderCostBuy += anzahl * 0.0023F;
                 orderCostSell += anzahl * 0.0023F;
                 totalOrderCost = orderCostBuy + orderCostSell;
         break;
}
```

Die angegebenen Daten sind der Interactive Brokers Website entnommen.[202] An dieser Stelle sei darauf hingewiesen, dass derartige Comission Fees sich jederzeit ändern können und daher regelmäßig geprüft werden müssen.

---

202   Vgl. Interactive Brokers (2011).

6 Ergebnis

Nachfolgend werden die Ergebnisse dieses Projektes diskutiert. Vorweg muss erwähnt werden, dass die nachfolgend präsentierten Ergebnisse sich nur auf einen äußerst kurzen Handelszeitraum beziehen. Um dennoch positive Ergebnisse zu erzielen, wurden vereinfachte Algorithmen implementiert und statt komplexer Analysis lag der Fokus auf Handelsheuristiken zur Kursprognose (Mikrostrukturanalyse). Dementsprechend sind die hier theoretisch beschriebenen Möglichkeiten in der Praxis nur in Ansätzen entwickelt (Prototyp).

6.1 Zusammenfassung

Der Prototyp in seiner derzeit implementierten Ausprägung umfasst dabei folgende Funktionalität:

- Technische Analyse (Basiskennziffern)
- Dynamische Kennzahlenauswertung
- Orderdurchführung
- Positionsüberwachung
- Trailing Stop
- MoneyManagement (Diversifikation)

Während Durchführung des Systemtests sind diverse Fehlverhalten der Software aufgetreten, die auf mangelnde Grenzwerttests in der Statusverwaltung zurückzuführen sind. Darüber hinaus wurde das Trailing Stop zwar implementiert, bedarf allerdings einer Adjustierung, um effizient zu sein. Zusammenfassend lässt sich jedoch sagen, dass die Ergebnisse positiv sind, allerdings noch der Optimierung bedürfen.

6.2 Empirische Auswertung

Um die Ergebnisse einer Software zur automatisierten Kapitalmarkt-Allokation hinlänglich beurteilen zu können, wäre ein Zeitraum von mehreren Jahren notwendig. Dafür wird von professionellen Investoren ein Backtesting implementiert, welches den zurückliegenden Handelszeitraum per Datenfeed simuliert und die variierenden Parameter evaluiert. Dafür blieb im Rahmen eines auf drei Monate angelegten Projektes keine Zeit. Dennoch konnten die implementierten Algorithmen exemplarisch mit Echtdaten getestet werden, die Auswertung hat dadurch allerdings eher den Charakter einer „Stichprobe". Zur Verdeutlichung sind die vollzogenen Tradingpatterns mit Chartbildern dargestellt. Die zugrunde liegenden Intraday-Handelsdaten befinden sich neben dem Quellcode anbei und ermöglichen ein detailliertes Nachvollziehen jeder „Trading-Session". Die Standardwährung für die durchgeführten Order ist der US-Dollar. Nachfolgend zusammengefasst die einzelnen Ausführungen:

#	SYMBOL	Beobachtet	Kauf	Verkauf	[%]	Haltedauer[min]
1	ERTS	22,94	22,98	23,00	0,087	65
2	GT	15,09	14,99	15,13	0,934	33
3	GM	28,84	28,87	29,09	0,762	258
4	INTC	21,28	21,28	21,49	1,000	60
5	HGSI	25,05	25,06	25,18	0,479	241
6	EMC	26,35	26,35	26,51	0,607	235
7	PFE	20,21	20,21	20,24	0,148	225
8	CSCO	15,08	15,08	15,14	0,398	250
9	F	13,39	13,4	13,53	1,000	192
10	DELL	15,52	15,54	15,55	0,064	176
11	AMAT	12,58	12,58	12,60	0,159	211
12	BAC	10,48	10,48	10,58	1,000	71
13	SNDK	42,69	42,6	42,91	0,728	90
14	USB	23,86	23,9	24,14	1,000	48
15	HD	33,55	33,55	33,68	0,387	82
16	SYMC	18,55	18,55	18,66	0,593	83
17	MU	8,43	8,42	8,50	1,000	70
18	AA	15,21	15,21	15,36	1,000	76
19	MYL	22,07	-	-	0,000	0
20	GE	18,17	18,17	18,35	1,000	38
Σ	-	-	-	-	0,617 (avg)	125,2 (avg)

Tabelle 2:   Exemplarische Ergebnisse

Die durchschnittlich erzielte Rendite liegt bei +0,617% und damit deutlich über der Tagesrendite der Hauptindizes NASDAQ (-1,57%) und DJIA (-1,43%). Aufgrund des geringen Zeitraumes lässt sich daraus allerdings <u>nicht</u> schließen, dass sich mit dieser Implementierung dauerhaft eine überdurchschnittliche Rendite erzielen lässt. Darüber hinaus wurden für diesen Prototyp-Testlauf keine Risikoparameter angelegt, sodass bei ‚echtem' Handel einige der durchgeführten Order zeitlich frühzeitig abgebrochen worden wären. Zu bedenken ist sicherlich auch, dass die hier vorausgesetzte Handelsflexibilität nur bis zu einem gewissen Grad umsetzbar ist. Dieses Niveau liegt für US-BlueChips bei etwa $100.000 pro Einzelposition.

7 Fazit

Diese Ausarbeitung befasste sich mit der Entwicklung eines Software-Prototypen zur dynamischen Asset-Allocation an den Kapitalmärkten. Dieses Vorhaben konnte mit positivem Ergebnis umgesetzt werden, wenn auch nicht im zuvor geplanten Umfang. So war es nicht möglich, alle der zuvor diskutierten Verfahren in der Praxis zu evaluieren und in die Kapitalmarktinteraktion mit ein zu beziehen.

Es konnte aufgezeigt werden, dass Portfolio-Allokation ein breites Feld des Financial Engineerings darstellt und der Informatik bis heute neue Herausforderungen bietet. Exakt in diesem Teilbereich liegt der wissenschaftliche Mehrwert dieser Ausarbeitung, indem im Rahmen der Finanztheorie eine Brücke zwischen theoretischer Asset-Allocation und praktischer Softwareimplementierung aufgebaut werden konnte – dies unter Berücksichtigung des zunehmend relevanteren Risikomanagements.

Grundlegendes Problem bei der akkuraten Anwendung von Risikomanagement ist nicht die elementarwissenschaftliche Ausarbeitung oder Bereitstellung von Methoden zur Minimierung der Risiken, sondern vielmehr die Fokussierung auf renditemaximierende Faktoren. Dieser Paradigmenwechsel bedeutet für das RM eine Veränderung der ureigenen Leitmaxime, nämlich statt der Vermeidung bzw. Minimierung von Risiken, eine vielfach zweckentfremdete Anschauung der Performanceoptimierung. Risikomanagement wird nicht selten interpretiert als ein Werkzeug zur Steigerung statt Absicherung des eigenen Outputs. Dieser Interessenskonflikt kann in Zeiten zunehmender und partiell konzentrierter Kapitalakkumulation nicht abschließend gelöst werden, sodass Risikomanagement im Anbetracht der zunehmend globalisierten Finanzmärkte durchaus weitere Verbreitung finden muss.

Der hier entwickelte Prototyp hilft dabei, indem einige der gängigen Standardverfahren erläutert, mit aktueller Softwaretechnik umgesetzt und im Rahmen dieses Schriftstückes verbreitet werden.

Im Rahmen der Recherche kommt der Autor darüber hinaus zu dem Schluss, dass den Implikationen der global zu beobachtenden Ausweitung der Kapitalmengen im Sektor der virtuellen Finanzprodukte trotz der gravierend-realökonomischen Interdependenzen zu wenig Aufmerksamkeit geschenkt wird. Vor diesem Hintergrund wäre eine Modifizierung der zugrunde liegenden Anreize in Richtung substanzorientierter Kapitalmarktdynamik erstrebenswert. Im

Rückblick auf diese Ausarbeitung soll derartigen Asymmetrien durch die Berücksichtigung ebendieser Tendenzen aufgezeigt und in automatisierter Form – konkretisiert im Rahmen des Softwareprototyps – entgegengewirkt werden. Eine Erweiterung der Risikomanagementansätze in Richtung einer vollständigen Berücksichtigung der Liquiditäten wäre erstrebenswert.

Zur praktischen Umsetzung der Software lässt sich sagen, dass in Summe nur ein geringer Zeitanteil des Gesamtaufwandes in die Entwicklung geflossen ist. Allein das Bugfixing benötigt einige Tage – es galt die Fehler im Allocationhandling zu erkennen und zu beseitigen. Demnach sind mit Erweiterung des Prototypen bessere Ergebnisse zu erwarten.

Abschließend sei an dieser Stelle auf die enormen Möglichkeiten der noch unergründeten Forschungsansätze hingewiesen. Im Rahmen des weiteren Projektverlaufes werden sich diesbezüglich neue Verfahren ergeben, die weit über das bisher Implementierte hinausgehen können.

Literaturverzeichnis

Albrecht, P., Maurer, R. (2005): Investment- und Risikomanagement, 3. Aufl., Stuttgart 2005.

Aldridge, I. (2010): High-Frequency Trading, New Jersey 2010.

Alexander, C. (2009): Market risk analysis: Value-at-risk models, New Jersey 2009.

Alphaworks (2011): Overview Alphaworks, erhältlich auf: http://www.alphaworks.ibm.com/tech/vcesdk, Stand 04.03.2011, 18:05.

Baetge, J., Kirsch, H., Thiele, S. (2007): Bilanzen, 9. Aufl., IDW 2007.

Baum, F. (2007): Kosten- und Leistungsrechnung Grundlagen Rechnungssysteme, 2. Aufl., Berlin 2007.

Baxter, M., Rennie, A. (1996): Financial Calculus. An introduction to derivative pricing, Cambridge 1996.

Becker, P. (2008): Investition und Finanzierung, 2. Aufl., Wiesbaden 2008.

Becker, P., Peppmeier, A. (2008): Bankbetriebslehre, 7. Aufl., Ludwigshafen 2008.

Books, C. (2008): Introductory Econometrics for Finance, 2. Aufl., Cambridge 2008.

Brand, C. (2010): Regression, Interpolation, numerische Integration, erhältlich auf: http://institute.unileoben.ac.at/amat/lehrbetrieb/num/vl-skript/sli09s10.pdf, Stand 09.05.2011, 17:30.

Breuer, W. (2001): Investition II: Entscheidungen bei Risiko, Wiesbaden 2001.

Breuer, W. (2002): Investition I, 2. Aufl., Wiesbaden 2002.

Breuer, W., Gürtler, M., Schuhmacher, F. (2006): Portfoliomanagement 2: Weiterführende Anlagestrategien, Wiesbaden 2006.

Breuer, W., Gürtler, M., Schuhmacher, F. (2010): Portfoliomanagement 1: Grundlagen, 3. Aufl., Wiesbaden 2010.

Bruns, C., Meyer-Bullerdiek, F. (2008): Professionelles Portfoliomanagement, 4. Aufl., Augsburg 2008.

Bruns, C., Steiner, M. (2007): Wertpapiermanagement - Professionelle Wertpapieranalyse und Portfoliostrukturierung, 9. Aufl., Augsburg 2007.

Chan, E. (2008): Quantitative Trading, New Jersey 2008.

Christoffersen, P. (2003): Elements of financial risk management, London 2003.

Cramer, E., Kamps, U. (2008): Grundlagen der Wahrscheinlichkeitsrechnung und Statistik, 2. Aufl., Berlin 2008.

Deutsche Börse (o.J. a): o.T., erhältlich auf: http://deutsche-boerse.com/dbag/dispatch/de/kir/gdb_navigation/technology/50_Support/30_Values_API/30_Xetra_Downloads, Stand: 15.05.2011 12:40.

Deutsche Börse (o.J. b): o.T., erhältlich auf: http://deutsche-boerse.com/dbag/dispatch/de/listcontent/gdb_content_pool/cms_data/07_central_pages/60_overview_pages/cp_sp_overview_xetra.htm, Stand 27.03.2011, 20:10.

Döhler, S., Cottin, C. (2009): Risikoanalyse, Wiesbaden 2009.

Döring, U., Buchholz, R. (2009): Buchhaltung und Jahresabschluss, 11. Aufl., Berlin 2009.

Dörsam, P. (2006): Mathematik für Studierende der Wirtschaftswissenschaften, 13. Aufl., Heidenau 2006

Dröge, R., Nowak, P., Weber, T. (2006): Programmieren mit dem .NET Compact Framework, Unterschleißheim 2006.

Eisele, B. (2004): Value-at-Risk-basiertes Risikomanagement in Banken, Diss., Frankfurt am Main 2004.

Elton, E., Gruber, M., Brown, S., Goetzmann W. (2009): Modern Portfolio Theory and Investment Analysis, Hoboken 2009.

Engeln-Müllges, G., Niederdrenk, K., Wodicka, R. (2005): Numerik-Algorithmen: Verfahren, Beispiele, Anwendungen, 9. Aufl., Berlin 2005.

Esch, L., Kieffer, R., Lopez, T. (2005): Asset and Risk Management: Risk Oriented Finance, Brüssel 2005.

Finanzen.net (2011): Korrelationsmatrix, Datenquelle: Goldman Sachs, erhältlich auf: http://www.finanzen.net/maerkte/korrelationsmatrix, Stand 09.03.2011, 21:07.

Fischer, B. (2001): Performanceanalyse in der Praxis, 2. Aufl., München 2001.

Franke, J., Härdle, W., Hafner, C. (2010): Statistics of Financial Markets, 3. Aufl., Berlin 2010.

Gennick, J. (2007): SQL, 2. Aufl., Köln 2007.

Goldberg, J., Nitzsch, R. (2004): Behavioral Finance, 4. Aufl., München 2004.

Gottschalck, A., Stumm, K. (2006): Scharfe Sachen fürs Depot, erhältlich auf: www.manager-magazin.de/finanzen/geldanlage/0,2828,433440,00.html,   Stand 02.05.2011, 12:30.

Grassberger, P., Hegger, R., Kantz, H., Schaffrath, C., Schreiber, T. (1993): On noise reduction methods for chaotic data, Wuppertal 1993.

Guserl, R. (2004): Handbuch Finanzmanagement in der Praxis, Wiesbaden 2004.

Haas, A., Scheufele, B. (2008): Medien und Aktien: Theoretische und empirische Modellierung der Rolle der Berichterstattung für das Börsengeschehen, Wiesbaden 2008.

Handelsblatt (2010): Parketthandel wird früher eingestellt als geplant, erhältlich auf: http://hb2010.handelsblatt.com/finanzen/boerse-maerkte/boerse-inside/parketthandel-wird-frueher-eingestellt-als-geplant/3643024.html,   Stand 27.03.2011, 19:50.

Handelsblatt (2002): Gelockerte Indexstrategie soll etwas mehr Rendite bringen, erhältlich auf: http://www.handelsblatt.com/archiv/gelockerte-indexstrategie-soll-etwas-mehr-rendite-bringen/2191898.html, Stand: 11.05.2011, 17:20.

Harnischfeger, U., Zacharakis, Z., Schrör, M. (2011): USA verschleppen Bankenregeln, in: Financial Times Deutschland, erhältlich auf: http://www.ftd.de/finanzen/: finanzmarktregulierung-usa-verschleppen-bankenregeln/60039114.html,   Stand: 30.04.2011, 22:45.

Hegger, R., Kantz, H., Schreiber, T. (2011): TISEAN Nonlinear Time Series Analysis, erhältlich auf: www.mpipks-dresden.mpg.de/~tisean, Stand: 02.05.2011, 22:10.

Huckle, T., Schneider, S. (2002): Numerik für Informatiker, Berlin 2002.

Hull, J. (2001): Einführung in Futures- und Optionsmärkte, 3. Aufl., München 2001.

Hull, J. (2010): Risikomanagement: Banken, Versicherungen und andere Finanzinstitutionen, 2. Aufl., 2010.

Interactive Brokers (2011): Kommissionen – Aktien, ETFs und Warrants / Übersicht, erhältlich auf: http://www.interactivebrokers.com/de/p.php?f=commission#stocks1, Stand 01.06.2011, 19:20.

Isard, M. (o.J.): The Condensation Algorithm, erhältlich auf: http://www.robots.ox.ac.uk/~misard/condensation.html, Stand: 02.05.2011, 18:07.

Kleeberg, J.-M. (1993): Risikominimale Strategie am Aktienmarkt, in: Die Bank, Nr. 3/1993, S. 160-164..

Knobbe-Keuk, B. (1991): Bilanz- und Unternehmenssteuerrecht, 8. Aufl., Köln 1991.

Kreiß, J.-P., Neuhaus, G. (2006): Einführung in die Zeitreihenanalyse, Berlin 2006.

Kremer, J. (2005): Einführung in die diskrete Finanzmathematik, Berlin 2005.

Lai, T.-L., Xing, H. (2008): Statistical Models and Methods for Financial Markets, Berlin 2008.

Mankiw, N. (2004): Grundzüge der Volkswirtschaftslehre, 3. Aufl., Stuttgart 2004.

Marotzke, S., Roth, M. (2011): Diagnose Mittelstand 2011, erhältlich auf: http://www.dsgv.de/_download_gallery/Material/Diagnose_Mittelstand_2011_Pressemappe.pdf, Stand 01.06.2011, 15:00.

Meyberg, K., Vachenauer, P. (2001): Höhere Mathematik 2: Differentialgleichungen, Funktionentheorie, Fourier-Analysis, 4. Aufl., Berlin 2001.

Moix, P.-Y. (2001): The Measurement of Market Risk: Modelling of Risk Factors, Asset Pricing, and Approximation of Portfolio Distributions, Berlin 2001

Moos, A. (2004): Datenbank-Engineering, 3. Aufl., Wiesbaden 2004.

Oppitz, V., Nollau, V. (2004): Taschenbuch der Wirtschaftlichkeitsrechnung, München 2004.

o.V. (2011a): "GAUSSX Desktop Econometric Analysis for GAUSS" (o.J.), http://software.additive-net.de/en/produkte/aptech/g3rdparty/g3rdgx, Stand: 02.05.2011, 16:00.

o.V. (2011b): TSM Time Series and Wavelets for Finance, erhältlich auf: http://software.additive-net.de/en/produkte/aptech/g3rdparty/g3rdtsm, Stand: 02.05.2011, 16:25.

Perridon, L., Steiner, M., Rathgeber, A. (2009): Finanzwirtschaft der Unternehmung, 15. Aufl., München 2009.

Pfeifer, A. (2009): Praktische Finanzmathematik, 5. Aufl., Frankfurt am Main 2009.

Pflaumer, P., Heine, B., Hartung, J. (2005): Statistik für Wirtschafts- und Sozialwissenschaften. Deskriptive Statistik, 3. Aufl., München 2005.

Pilz, G. (2007): Aktien - Grundlagen, Bewertungen, Strategien, München 2007.

Prätsch, J., Schikorra, U., Ludwig, E. (2007): Finanzmanagement, 3. Aufl., Heidelberg 2007.

Prokopczuk,M., Rachev,S., Trück, S. (2004): Quantifying Risk in the Electricity Business: A RAROC-based Approach, Karlsruhe 2004.

Reuse, S. (2011): Korrelationen in Extremsituationen: Eine empirische Analyse des Deutschen Marktes mit dem Fokus auf irrationalem Marktverhalten (Diss.), Wiesbaden Wiesbaden 2011.

Rob, P. Coronel, C., Crockett, K. (2008): Database systems: design, implementation & management, London 2008.

Sauerbier, T. (2003): Statistik für Wirtschaftswissenschaftler, 2. Aufl., München 2003.

Schlittgen, R. (2001): Angewandte Zeitreihenanalyse, München 2001.

Schmid, F., Trede, M. (2006): Finanzmarktstatistik , Berlin 2006.

Schmidt, J. (2009): Konsequenzen der erfolgreichen Angriffe auf MD5, erhältlich auf: http://www.heise.de/security/artikel/Konsequenzen-der-erfolgreichen-Angriffe-auf-MD5-270106.html, Stand 03.03.2011, 20:30.

Schwarz, H., Köckler, N. (2009): Numerische Mathematik, 7. Aufl., Wiesbaden 2009.

Singleton, J. (2004): Core-satellite portfolio management, New York 2004.

Sommerville, I. (2007): Software Engineering, 8. Aufl., München 2007.

Spremann, K. (2006): Portfoliomanagement, 3. Aufl., München 2006.

Staehle, H. (2005): Das Minimum-Varianz-Portfolio und seine Bedeutung für die Anlagepraxis, Norderstedt 2005.

Steinmann, H., Schreyögg, G. (2005): Management, 6. Aufl., Wiesbaden 2005.

Stiefl, J. (2005): Finanzmanagement, München 2005.

Strang, G. (2010): Wissenschaftliches Rechnen, Berlin 2010.

Theiler, U. (2002): Optimierungsverfahren zur Risk-, Return-Steuerung der Gesamtbank, Diss., Wiesbaden 2002.

Tietze, J. (2011): Einführung in die Finanzmathematik, 11. Aufl., Wiesbaden 2011.

UBS (2011): Enhanced Indexing, erhältlich auf: http://www2.ubs.com/1/ShowMedia/ubs_ch/bb_ch/institutional?contentId=104026& name=Fokus_EnhancedIndexing_Aug06_d.pdf, Stand: 11.05.2011, 16:50.

Voigt, M. (2010): Das große Buch der Markttechnik, 7. Aufl., München 2010.

Von Auer, L. (2006): Ökonometrie, 3. Aufl., Berlin 2006.

Vornberger, O., Müller, O. (2000): Informatik Uni Osnabrück, erhältlich auf: http://www-lehre.informatik.uni-osnabrueck.de/~cg/2000/skript/7_2_Splines.html,   Stand 25.05.2011, 11:35.

Wahren, H.-K. (2009): Anlegerpsychologie, Wiesbaden 2009.

Werner, H., Kobabe, R. (2007): Finanzierung, Stuttgart 2007.

Wilmott, P., (2007): Paul Wilmott Introduces Quantitative Finance, New Jersey 2007.

Wolke, T. (2008): Risikomanagement, 2. Aufl., München 2008.

The manufacturer's authorised representative in the EU is Springer
Nature Customer Service Centre GmbH, Europaplatz 3, 69115 Heidelberg,
Germany. If you have any concerns regarding our products, please
contact ProductSafety@springernature.com

Printed and bound by CPI Group (UK) Ltd, Croydon, CR0 4YY
23/04/2026
02095636-0002